공자와 논어,
얼마나 바르게 알고 있는가?

공자와 논어에 대한 오해와 진실

박삼수 지음

지혜의 바다

머리말

성인 공자의 숭고한 뜻을 오롯이 되살리기 위하여

공자는 인류의 위대한 스승인 세계 사대성인 가운데 한 분이요, 『논어』는 그 사상의 집체(集體)이자 결정(結晶)으로, 동서양 고전 가운데 가장 대표적인 철학 명저(名著)이다. 더욱이 공자가 창시한 유학(儒學) 내지 유교의 사상 관념은 예로부터 우리나라를 비롯한 동아시아 사회 전반에 지대한 영향을 끼치며 알게 모르게 사람들의 가슴 속 깊이 스며들었다. 그러니 공자가 누구인지 모르는 사람은 없을 것이고, 『논어』 두어 구절쯤 들어 보지 못한 사람 또한 없을 것이다. 누구나 어느 정도는 알 것 같은 공자와 『논어』, 우리는 과연 잘, 아니 바르게 알고 있는 걸까? 유감스럽게도 현실은 결코 그렇지만은 않은 것 같다. 기득권자를 위한 것으로서 사람을 옥죄는 윤리요 규범일 뿐이라는 등, 유교 문화와 사상에 대한 부정적인 인식이 팽배하면서 공자 사상에 대한 오해, 심지어는 반감까지 깊어졌다.

사실 후세의 각급 통치자들과 기득권 세력들은 그들의 권력과 권위를 지키기 위해 의도적으로 공자의 사상을 왜곡 악용하였고, 그 결과 뭇사람들이 받은 인상(印象)과 가진 인식 속에서 공자 사상과 유교 문화는 부정적인 것일 수밖에 없었다. 그렇다고 뭇사람들이 공자의 『논어』를 깊이 읽고 이해하며 그 본의(本義)를 여실히 받아들이기를 기대할 수도 없는 노릇이었다. 하지만 이제 우리는 공자와 『논어』에 대한 오해와 왜곡이 엄존하는 현실을 직시하고, 진실이 무엇인지, 성인 공자의 본의가 무엇인지 가능한 한 바르게 알고자 노력하여야 한다. 그러기 위해서는 무엇보다 공자 사상의 원전(原典)인 『논어』를 깊이 읽고, 그 사상의 본연과 실체를 바르게 이해하는 것이 중요하다. 공자의 언행(言行) 사적(事迹)은 『논어』를 비롯해 『예기(禮記)』, 『좌전(左傳)』, 『순자(荀子)』, 『사기(史記)』 등등에 기록되어 전하지만, 가장 집중적이고 믿을 만한 것은 바로 『논어』이다.

필자는 대학 때 중문학을 전공하면서 자연스레 한문 고전에 관심을 가졌고, 학교 수업과는 별도로, 매일(토, 일요일 제외) 새벽 훈장 선생님의 한문 강좌가 있는 향교(鄕校)에 다니며 전통 한학의 향기에 취하곤 하였다. 『논어』를 본격적으로 읽기 시작한 것도 물론 그때부터다. 그리고 대학 강단에 서서는 학생들과 함께 『논어』 읽기를 즐겼다. 한데 『논어』 읽기를 거듭하면서 점차 공자와 『논어』에 대해 우리가 익히 듣고 알아

온 전통적인 이해와 풀이에 왕왕 고개를 갸우뚱하곤 하였다. 결국 공자와 『논어』에 대한 학문적 탐구에 들어갔고, 연전에 전후하여 『논어』 해설서인 졸저 『「논어」 읽기』(세창미디어)와 『논어』 완역서인 졸역 『쉽고 바르게 읽는 논어』(지혜의 바다)를 세상에 내놓았다.

필자는 졸저와 졸역 두 책을 집필하면서 공자와 『논어』에 대한 항간의 기존 인식과 풀이에 오해와 왜곡이 있음을 인지하였다. 하여 재론의 여지가 있는 부분들은 새로이 고금의 저명 주석서나 역해서(譯解書)를 참고해 보다 논리 타당한 논지(論旨)로 풀어내기 위해 심혈을 기울였다. 왜냐하면 시대의 아픔을 가슴 깊이 느끼며 구세(救世)의 일념으로 평생을 헌신한 성인 공자의 숭고한 뜻을 생각하면, 그 어떤 이해의 오류나 의미의 변질도 가볍게 여겨서는 아니 되기 때문이다. 아무튼 졸저와 졸역 출간 후 직간접적으로 접하게 되는 독자들의 반응은, 공자 사상 전부와 『논어』 전권(全卷)을 다루는 두 책의 체제로는 필자의 '새로운' 해설과 풀이가 갖는 의의가 부각되기 어렵다는 것이었다. 이 작은 책은 바로 독자들의 그 같은 애정 어린 충언과 권유에 의해 탄생하게 된 것이다. 그 주요 내용은 물론 졸저와 졸역의 내용 가운데 논란이 되는 부분을 중심으로 하면서 기존 내용을 수보(修補)하기도 하고, 또 기존에 없던 내용을 추가하기도 하여 설득력과 의의를 더함으로써 독자 여러분의 관심과 기대에 부응코자 하였다.

중국 당(唐)나라의 대문호 한유(韓愈)는 「잡설(雜說)」에서 "세상에 백락이 있은 연후에야 비로소 천리마가 존재할 수 있다.〔世有伯樂, 然後有千里馬〕"고 하였다. 백락은 춘추시대 진(秦) 목공(穆公) 때 사람으로, 좋은 말〔馬〕을 잘 알아본 것으로 유명한 인물이다. 그 때문에 후세에는 흔히 인재를 잘 알아보는 사람의 대명사로도 일컬어진다. 설령 하루에 천리를 가는 명마가 있다고 할지라도, 백락과 같은 이를 만나지 못한다면, 그저 마부의 손에서 모욕이나 당하며 구유와 마판(馬板) 사이에서 보통 말들과 함께 죽어갈 뿐이라는 게 한유의 설명이다.

우리는 과연 공자가 남긴 불후의 성지(聖志)와 성교(聖教)를 얼마나 바르게 알고 있는가? 혹여 어설픈 이해로 어쭙잖게 성인의 가르침에 의혹을 품는 일은 없는가? 속담에 '선무당이 사람 잡는다'고 했던가? 오늘날 우리 사회에는 애초에 잘못안 것인 줄도 모르고, 이런 저런 부정적인 인식으로 공자 사상을 오해하고, 이런 저런 편견과 선입견으로 유교 문화를 배격하는 경향이 없지 않다. 그것은 필시 핵심 개념인 '인(仁)'과 그 표현 형식으로서의 '예(禮)'·그 표현 방법으로서의 '중용'을 긴밀히 결합시킨, 공자 사상의 본의와 진의(眞義)에 대한 이해 부족의 소치일 것이다. 공자 사상의 숭고하고 성명(聖明)

한 뜻을 바르게 알고 성실히 체득해 나간다면, 만인을 사랑하는 인심(仁心)과 도량의 위력을 실감할 수 있을 것이다. 하지만 마냥 기왕의 피상적이고 부정적인 인식과 편견에 갇혀 그 진수를 맛보지 못한다면, 오히려 그로 인한 굴레와 고통으로 스스로를 힘들게 하는 꼴이 되고 말 것이다.

불현듯 당시(當時) "나를 알아주는 사람이 없구나!〔莫我知也夫〕" "나를 알아주는 것은 아마도 하늘뿐이리라!〔知我者, 其天乎〕"〈『논어』「헌문(憲問)」〉(이하 인용문의 출처가 『논어』인 경우에는 그 편명만 밝히기로 함) 하며 탄식을 금치 못한 공자의 고뇌가 뇌리를 스친다. 이제 우리가 성인의 깊은 뜻을 여실히 알아보는 '백락'이 되자. 그것은 성인을 위해서가 아니다. 바로 인간성의 상실과 가치관의 왜곡이 심각한 지경에 이른 오늘날, 성현의 가르침에서 인생의 올바른 길을 찾아야 하는 우리 자신을 위해서다. 바로 그 절박함은 공문(孔門)의 언저리에도 닿지 못할 천학(淺學)함도 잊은 채, 필자가 감히 '성인' 운운하는 까닭이다. 삼가 독자 제현의 해량(海諒)과 질정을 바라 마지않는다.

2019년 2월
문수산 기슭에서
박삼수

들어가며

'홍익인간(弘益人間)'의 함의(含意) 왜곡을 통해 고전의 본의 왜곡의 단면(斷面)을 본다

『삼국유사』에 기록된 고조선 건국 신화에서 유래하는 '홍익인간' 사상은, 우리 민족의 사상적 근원임과 동시에 대한민국 건국 이념이자 교육 이념으로 널리 알려져 있다. 그리고 우리는 그 함의를 대개 '널리 인간(사람)을 이롭게 한다'는 뜻으로 알고 있다. 또한 그 같은 이해와 인식은 우리의 관념 속에 굳어진 지 이미 오래되어, 기존의 뜻풀이를 두고 왜곡 운운하면, 어쩌면 너무나 느닷없고 엉뚱하다는 핀잔을 들을 지도 모를 일이다. 하지만 필자는 이제 그 함의가 어떻게 왜곡되었는지를 밝히고자 한다.

공자와 『논어』에 대한 오해와 진실을 말하려다가 갑자기 생뚱맞게 '홍익인간' 얘기를 꺼내는 이유는 두 가지다. 첫째, '홍익인간'은 우리나라 사람이라면 누구나 다 아는, 그야말로 만인주지(萬人周知)의 개념인 만큼, 그 함의가 왜곡된 사실을 적시함으로써 고전 왜곡의 단면을 예시(例示)하고, 그 심각성을 부각하고자 함이다. 둘째, 우리의 국가 민족 사상상 중차대한 의의가 있는 '홍익인간'의 본의를 차제에 널리 알려 민족적 자긍심을 가일층 고취코자 함이다.

'홍익인간' 함의 풀이의 관건은 바로 소위 '인간(人間)'이 과연 '사람'을 뜻하는 말인가 하는 것이다. 이 같은 문제 제기에 많은 사람들이 의아할 것이다. 하지만 고대 한문(漢文) 문장에서도 그러한지를 따져 봐야 한다. 많은 예문이 있지만, 널리 알려진 이백(李白)의 「산중문답(山中問答)」 시(詩)를 한번 보자.

問余何意栖碧山, 笑而不答心自閑.
桃花流水窅然去, 別有天地非人間.
문여하의서벽산, 소이부답심자한.
도화유수요연거, 별유천지비인간.

왜 청산(青山)에 사느냐고 내게 묻는데
빙그레 웃으며 답하지 않건만 마음은 절로 한가롭다
복사꽃 만발한 가운데 시냇물 아득히 흘러가나니
별천지가 펼쳐진 이곳 진정 인간 세상이 아니로세!

이 시는 산중 은자의 한일(閑逸)하고 자재(自在)한 정회(情懷)를 묘사하였다. 속세와는 동떨어진 청산의 그윽한 정취를 속인(俗人)이 알 턱이 없으니, 시인은 그 범속(凡俗)한 질문에 그저 미소만 지을 뿐이다. 그러면서도 시인은 복사꽃 만발한 가운데 시냇물 아득히 흘러가는, 별천지 무릉도원(武陵桃源)에서 한적(閑適)함을 만끽하며 마냥 즐겁다. 이 시에서 우리가 주목할 것은 마지막 구(句)의 '비인간(非人間)'이란 말이다. 그것은 물론 전후 시의(詩意)에 비춰 볼 때, 인간 세상이 아니라 선경(仙境), 무릉도원, 이상향이란 의미이며, 절대로 '사람이 아니다'는 뜻으로 풀이될 수 없는 말이다.

불가의 윤회(輪迴)사상에서는 중생이 선악의 응보에 따라 '인간(人間)' · '천상(天上)' · '지옥(地獄)' 등의 육도(六道)를 윤회하며 생사를 거듭한다고 한다. 한데 불가에서 말하는 '인간' 또한 사람을 뜻하는 말이 아님은 두말할 나위가 없다.

요컨대 고대 한문 문장에서 소위 '인간'은 '사람'이 아니라 '인간 세상'을 뜻한다는 것을 알아야 한다. 국립국어원 『표준국어대사전』에서 '인간'의 의미를 풀이하며 '사람이 사는 세상'이란 설명을 덧붙인 것도 바로 그 때문이다.

결론적으로 '홍익인간'의 함의는 모름지기 '널리 인간 세상을 이롭게 한다'는 뜻으로 이해되어야 한다. 소위 '인간 세상'이란 사람이 그 중심에 있으면서도, 또한 천지 만물을 두루 아울러 포용하고 관심하며 애호(愛護)한다는 의미를 내포한다. 이렇게 볼 때, '홍익인간'이야말로 진정 숭고하고 또 위대한 사상이 아닐 수 없다. 반면 '널리 인간을 이롭게 한다'는 의미는 인간 중심주의에 머물러 있으며, 보기에 따라서는 인간 이기주의에 빠져 있다고도 할 수 있다. 그러니 그 사상적 의의가 어찌 축소 왜곡되었다 하지 않을 수 있겠는가? 더욱이 오늘날 우리의 지구는 인간 이기주의로 몸살을 앓고 있고, 또 많은 생명들이 멸종 위기로 내몰리고 있다. 그러니 '홍익인간'의 진정한 의미를 안다면, 우리는 그 우월한 사상성(思想性)과 숭고한 정신에 절로 경탄(敬歎)하면서 가슴 깊이 민족적 자긍심을 느끼게 될 것이다.

"말이란 아 해 다르고 어 해 다르다." 같은 말이라도 이렇게 말하여 다르고 저렇게 말하여 다르다는, 누구나 다 아는 속담이다. 우리가 일상생활 속에서 흔히 하는 말도 아 다르고 어 다르거늘, 하물며 우리 민족정신의 핵심 개념인 '홍익인간'의 숭고한 뜻을 풀이함에 있어서 어찌 데면데면할 수가 있겠는가? 이제 교육부가 나서서 각급 학교 교과서부터 왜곡된 '홍익인간'의 의미와 정신을 바로잡아 민족적 정신 가치와 자긍심을 고취하는 노력을 기울여야 할 것이다.

〔이 글은 2018년 10월 2일자 「문화일보」에 게재 발표됨〕

차례

제1부

공자 사상에 대한 오해와 진실

제1장
공자의 사상은 군주를 위한 것인가, 민중을 위한 것인가?

공자의 사상은 도대체 누구를 위한 것인가? 이 같은 의문은 공자의 사상을 근간으로 하는 유교 문화가 예나 지금이나 사람들에게 이롭고 편리함을 가져다주기보다는, 뭔가 해롭고 불편한 멍에나 족쇄와도 같은 느낌을 더 많이 준 데에 기인한 것으로 보인다. 하여 우리 사회 일각에서는 급기야 공자가 주창하고 강조한 인의(仁義)의 도덕은 사람을 위한 도덕이 아니라, 정치와 기득권자를 위한 도덕이었다는 비판의 목소리를 높이고 있다. 여기서 사람이란 민중을 두고 하는 말일 터이고, 그 옛날 정치와 기득권자를 대표하는 것은 뭐니 뭐니 해도 군주일 것이다. 그렇다면 공자의 사상은 과연 군주를 위한 것인가? 아니면 민중을 위한 것인가?

1. 공자 사상의 탄생 배경 — 구세(救世)에의 고민

공자가 살았던 동주(東周) 춘추시대는 전무후무의 난세였다. 그것은 앞선 서주(西周) 시대와는 판이한 양상이었다. 하(夏)나라 · 은(殷)나라에 이어 건국된 주(周)나라는 중국 역사상 현대적 의미의 국가 제도를 완비한 최초의 왕조로, 그 전반기인 서주 시대는 왕실이 강력한 통치권을 행사하며 정국의 안정과 나라의 번영을 이끌 수가 있었다. 그 모든 것은 건국 초기 주공(周公)이 '경천보민(敬天保民, 하늘을 공경하며 백성을 잘 보호해 편히 살게 함)'을 국가 통치의 핵심 사상으로 주창하며 나라의 기틀을 다진 데에 힘입은 것이다.

당시 주나라는 개국 군주 무왕(武王)이 은나라를 멸하고 새 나라를 연 지 2년 만에 병사하고, 아들 희송(姬誦)이 왕위를 이어 받았으니, 그가 곧 성왕(成王)이다. 하지만 성왕의 나이가 너무 어렸으므로, 무왕의 아우이자 성왕의 숙부였던 주공이 어린 임금을 대신해 섭정을 하게 되었다.

주나라 사람들의 의식 속에서 왕권은 하늘로부터 부여받는 것이었다. 다만 주공은 무엇보다 은나라 멸망의 원인이 무도한 폭정에 있었다는 역사적 사실을 큰 교훈으로 삼았다. 그리하여 하늘은 오직 유덕자(有德者)에게만 천명(天命), 즉 천하 통치의 권한을 내리는데, 만약 천명을 받은 통치자가 덕을 잃으면 더 이상 하늘의 보우(保佑)를 받을 수가 없으며, 천명은 다시 새로운 유덕자에게로 옮겨 가게 된다는 것을 극력으로 일깨웠다. 그렇다면 어떻게 천명을 예지(豫知)하고 그 전이(轉移)를 막을 수 있을까? 하늘의 위엄과 진의(眞意)는 민정(民情) · 민심으로 드러난다. 곧 민심이 천심이니, 민정을 살피고 민심을 얻어야 한다는 얘기다. 따라서 통치자는 반드시 '경천보민', 즉 천명을 공경히 받들어 만백성을 애호(愛護)하는 덕망 높은 군주가 되어야 한다. 이 같은 천명에 대한 경외심을 바탕으로 수덕(修德)과 '보민'을 중시 강조한 주공의 '경천보민' 내지 '경덕보민(敬德保民)' 사상은 주나라 초기 정치 발전의 이론적 기초가 되고, 통치사상의 중심 내용이 되었다.

'경천보민' · '경덕보민'의 핵심은 사실상 '보민'으로, 주공이 그 구체적 방안으로 제시 역설한 것은 '중민(重民)', '무일(無逸)', '신벌(愼罰)'이다. '중민'은 민정(民政, 백성의 안녕 유지와 행복 증진을 꾀하는 행정)을 중시하는 자세로 민정(民情)을 세심히 살펴서 민심의 향배를 정책 수립의 지침으로 삼으라는 말이다. '무일'은 안일과 향락을 탐하지 말라는 말이다. 이는 주공이 국가 권력의 중심에 있는 이들에게 내린 훈계로, 그들 모두가 하 · 은 왕조 멸망의 교훈을 가슴 깊이 새기고, 안일과 향락, 사치와 방탕에 빠져 정사(政事)를 그르치는 일이 없도록 할 것을 강력히 요구한 것이다. '신벌'은 형벌을 신중히 행하여 죄 없는 사람을 함부로 벌하거나 무고히 죽이는 일이 없도록 하라는 말이다. 이는 은나라가 가혹한 형벌을 남발하여 백성들의 원성과 반발을 자초했던 전철을 거울삼아 양형(量刑)에 공정성과 적절성을 한껏 높이라는 것이다. 주공은 또한 형벌을 시행함과 동시에 도덕으로 교화하여 백성들을 바른 길로 이끌 것을 요구하기도 하였다.

서주시대는 '경천보민'·'경덕보민'을 주요 내용으로 하는 주공의 덕치(德治)사상으로 정치사상의 획기적 발전을 이룩하였고, 그 같은 바탕 위에 예악(禮樂)·예법(禮法) 제도를 제정 완비해 민심을 얻는 정치를 시행함으로써 정치 사회적 안정과 질서를 도모하고 유지할 수가 있었다. 주공은 대략 7년간 섭정하면서 정국도 안정이 되고, 국가 통치 체제도 완비되자 장성한 성왕에게 정권을 돌려주었다.

주공의 엄중한 훈계도 세월이 흐르면서 점차 통치자들의 기억 저편으로 사라지고, 사리에 어둡고 어리석은 군주들이 잇달아 출현하면서 서주의 치세(治世)도 저물어 갔다. 특히 여왕(厲王)과 유왕(幽王)의 우매하고 잔학함은 실로 도를 넘어 왕실 본연의 권위를 상실하고 제후국에 대한 통제권까지 잃는 사태를 초래하였다. 서주 마지막 임금 유왕은 결국 피살되고, 평왕(平王)이 즉위해 낙읍(洛邑)으로 천도하였는데, 그 이후를 흔히 동주라고 한다. 동주는 다시 춘추(기원전 770년~기원전

476년)와 전국(기원전 475년~기원전 221년) 두 시기로 나뉜다.

사실 평왕은 제후들의 추대에 힘입어 왕위에 오를 수 있었을 뿐만 아니라 부왕(父王)을 시해했다는 혐의까지 받는 처지였으므로, 왕실은 천하 종주(宗主)로서의 권위와 위신은 땅에 떨어지고 왕명(王命)도 완전히 힘을 잃었다. 이에 지방 제후들은 세력을 확대하기 위해 겸병(兼倂)을 일삼았고, 약육강식의 전쟁은 하루도 끊일 날이 없었다. 그리하여 강대한 세력을 형성한 춘추 오패(五霸)는 명의상으로는 분명 천자에 예속된 지방 제후였으나, 그들은 이미 천자로부터 완전히 독립하다 못해 거의 천자의 지위까지 대신하는 지경에 이르렀다.

춘추시대에는 일차적으로 천자가 실권을 잃으면서 오패가 일어나 참람(僭濫)하고, 그 다음에는 제후가 실권을 잃으면서 경대부(卿大夫)가 전권을 행사하고, 다시 그 다음에는 경대부마저 실권을 잃으면서 대부의 가신(家臣)이 일어나 국정을 좌지우지하였다. 하여 신하가 임금을 시해하고, 가신이 대부를 시해하는 일이 흔하디흔한 일이었다. 이같이 혼란한 정국의 와중에 고통 받는 것은 바로 일반 백성들로, 얼마나 많은 사람들이 전쟁터에서 죽어갔는지 알 수가 없다. 더욱이 각국은 잇단 전쟁을 치르며 군력 증강에 혈안이 되어 가렴주구에 도를 넘는 장정 징발을 자행하였으니 백성들은 조세와 요역(徭役), 병역의 부담에 허리가 부러질 지경이었다.

공자의 시대는 전통적 예악이 붕괴되고 도덕이 문란해짐으로써 정치 사회적 혼란과 불안이 가중된 그야말로 '천하무도(天下無道)'의 난세였다. 그 같은 공전의 난세를 목도한 성인(聖人) 공자는 도저히 그냥 가만히 있을 수는 없었다. '어떻게 하면 정치 사회적 개혁을 이루어 도탄에 빠져 허덕이는 민중을 고통과 불행에서 구해 낼 수 있을까?' 하는 고민이 깊어졌고, 공자의 사상은 바로 그러한 고민에서 비롯된 것이다. 공자와 같은 시대를 살았던 노자 역시 대도(大道)의 무위자연(無爲自然) 정신을 구현함으로써 구세(救世)할 수 있기를 염원하였으니, 두 성인은 모두 시대적 혼란과 민중의 고통을 외면할 수가 없었던 것이다.

2. 공자 사상의 핵심 : '인(仁)' 사상의 진보적 의의

공자는 스스로 이르기를, "내가 말하는 도(道)는 한 가지로 전체를 꿰뚫는다.〔吾道一以貫之〕"〈「이인(里仁)」〉라고 하였는데, 공자 사상의 핵심인 그 '한 가지〔一〕'는 다름 아닌 바로 '인'이다. 공자의 모든 언론은 곧 '인'에 대한 천명(闡明)과 부연(敷衍)이요, 『논어』의 사상 체계는 곧 '인'을 중심으로 전개 구성되어 있다.

그렇다면 '인'이란 무엇인가? 사실 공자의 제자들도 그것이

궁금하였고, 너도 나도 스승에게 질문을 하였다. 그러자 공자는 이런 저런 다양한 설명을 해주었는데, 그 가운데 가장 본질적이고 핵심적인 의의를 띤 것은 번지의 질문에 답한 것이다.

> 번지가 인이 무엇인지를 여쭙자, 공자께서 말씀하셨다. "사람을 사랑하는 것이다."
>
> 樊遲問仁. 子曰: "愛人."〈「안연(顔淵)」〉

여기서 이른바 '애인(愛人)', 즉 사람을 사랑한다는 것은 나 자신으로부터 미루어 남에게까지 미쳐가는 인애(仁愛)의 마음을 말한다. 공자가 말하는 '애인'은 구체적으로 어떤 사람을 사랑한다는 것인가? 『논어』「학이편」에서 공자 만년의 제자 유자(有子)가 이르기를, "부모에게 효도하고 형을 공경하는 것, 그것이 바로 인의 근본이로다![孝弟也者, 其爲仁之本與]"라고 하였다. 그리고 공자는 또 "뭇사람을 두루 사랑하되 인(仁)한 사람을 특히 가까이 해야 한다[汎愛衆, 而親仁]"고 하였다. 공자의 인애 사상은 비록 효친〈孝親, 부모를 효경(孝敬)함〉과 친친(親親, 육친을 친애함)을 기초로 하고 있지만, 궁극적으로는 가족과 혈연의 범위를 넘어서 천하 만인을 사랑하는 범애(汎愛)·박애(博愛)의 사상임을 알 수 있다.

공자의 '애인' 의식을 상징적으로 보여주는 일화가 『논어』

「향당편(鄕黨篇)」에 보인다.

> 마구간에 불이 났는데, 공자께서 조정에서 돌아와 말씀하셨다. "사람이 다쳤느냐?" 그리고 말에 대해서는 묻지 않으셨다.
>
> 廐焚. 子退朝, 曰: "傷人乎?" 不問馬.

'퇴조(退朝)'란 말에 비쳐볼 때, 이는 공자가 노나라 대사구(大司寇) 벼슬을 하던 시기의 일로 추정된다. 조정 대신이었던 공자의 사저(私邸) 마구간에 불이 났으니, 집안사람들은 말할 것도 없고, 이웃 사람들까지 나서서 진화에 힘을 보탰을 것이다. 그러나 그 누구보다도 앞장서 불길 속으로 뛰어들어 갖은 애를 다 쓴 것은 필시 마부였을 것이다. 천민의 신분으로 말 관리에 전적인 책임이 있는 마부는, 당시 어쩌면 말 한 필의 값어치에도 미치지 못하는 존재였을지도 모른다. 아무튼 낮에 마구간에 불이 났었다는 말에, 공자는 혹여 사람이 다쳤으면 어떡하나 하는 걱정스런 마음이 앞서 "사람이 다쳤느냐?" 하고 다급히 물었다. 하지만 말은 어떻게 되었는지 전혀 묻지 않았다. 그 옛날에도 말은 아무나 탈 수 없는 귀한 존재였다. 그러나 공자가 관심하고 중시한 것은 말이 아닌 사람의 생명이었다.

이 일화는 공자가 말하는 인심(仁心)은 바로 사람을 중심으로 하고 있고, 공자가 창도한 인학(仁學)은 바로 사람을 근본으로 하고 있음을 웅변으로 말해준다. 천명(天命)과 귀신 관념이 팽배했던 당시에 공자는 오히려 인간의 존엄성과 고귀한 가치를 깊이 인식하였고, 그 때문에 사람을, 그것도 모든 사람을 사랑할 것을 역설하였다. 이 같은 인본(人本) 관념의 기초 위에 건립된 공자의 '인' 사상은 동서양을 통틀어서도 시원적 의의를 띤 휴머니즘의 전형을 보여 주고 있다. 더욱이 인류 사회에는 오늘날까지도 휴머니즘에 반하는 의식과 행동들이 넘쳐나고 있음을 감안할 때, 공자가 주창한 '인' 사상의 진보적 의의를 어찌 말로 다할 수 있겠는가? 요컨대 공자는 2천 5백 년 전에 이미 후세 인류 사회의 영원한 화두인 사람을 사랑하는 문제를 절실히 탐구하였던 것이다.

3. 공자의 원대한 그리고 숭고한 정치 이상

예나 지금이나 한 나라의 사회 현상과 사회 변화의 중심에는 늘 그 나라 정치가 있고, 그 나라 통치자가 있다. 그러므로 춘추 말엽에 구세를 염원한 공자와 노자 두 성현은 모두 일차적으로 당시의 군주들을 향해 목청을 높이고 있고, 또 그런 만큼 두 성현의 철학 사상은 사실상 정치사상을 위주로 하고 있다고 할 수 있다. 그것은 물론 한 나라의 통치자와 그의 정치가 국가 사회에 미치는 절대적인 영향을 감안할 때, 너무나 당연한 것이다.

공자의 원대한 그리고 숭고한 정치 이상은 곧 인정(仁政) 덕치를 실현해 "백성들에게 널리 은혜를 베풀고, 또한 능히 민중을 환난에서 구제하는〔博施於民, 而能濟衆〕"〈「옹야(雍也)」〉 가운데 "노인을 편안히 받들고, 벗을 믿음으로 사귀며, 젊은이를 은혜로 보살피는〔老者安之, 朋友信之, 少者懷之〕"〈「공야장(公冶長)」〉 대동(大同) 사회를 건설하는 것이다. 위대한 사상가이자 교육가였던 공자는 제자 교육에 심혈을 기울였는데, 그 목적은 당신이 꿈꾸는 덕정을 시행할 인재를 양성하는 것이었다. 공자 교육이 지향하는 궁극적 인재상은 바로 '군자'였다. 무릇 이상 정치를 위한 봉사자는 특히 배우기를 좋아함으로써 재덕과 학식을 증진시키는 가운데 인인(仁人) 군자의 인격과 품성을 갖추어 가야 한다. 그런 다음 적극적으로 정치에 참여해 자국의 군주와 정치가 덕정의 이상을 실현하는 길로 나아갈 수 있도록 최선을 다하여야 한다.

> 자로가 어떻게 해야 군자라고 할 수 있는지를 여쭙자, 공자께서 말씀하셨다. "자기 자신을 수양해 진지하고도 성실히 자신의 본분을 다해야 한다." 자로가 말했다. "그렇게

만 하면 됩니까?" 공자께서 말씀하셨다. "자기 자신을 수양해 가까운 사람들을 편안하게 해주어야 한다." 자로가 말했다. "그렇게만 하면 됩니까?" 공자께서 말씀하셨다. "자기 자신을 수양해 천하 만백성을 편안하게 해주어야 한다. 자기 자신을 수양해 천하 만백성을 편안하게 해주는 것은, 아마 요임금이나 순임금도 오히려 그같이 하기를 어려워하셨으리라!"

子路問君子. 子曰: "修己以敬." 曰: "如斯而已乎?" 曰: "修己以安人[1]." 曰: "如斯而已乎?" 曰: "修己以安百姓. 修己以安百姓, 堯舜其猶病諸!"〈「헌문(憲問)」〉

이렇듯 만백성을 도탄에서 구해 내어 편히 살 수 있게 해주어야 한다는 공자의 생각은 분명하다 못해 단호했다. 그것은 성군으로 이름난 요·순 임금조차도 힘들어했을 것 같을 만큼 지난(至難)한 일이었다. 하지만 공자는 그 어떤 역경에도 굴하지 않았고, 종신토록 구세에의 일념과 열정을 불태우며 고군분투하였다. 그런 공자를 두고, 노나라 도성(都城) 문지기

1 人(인) : 가까운 사람들. 이는 친족과 친구를 이르는 것이라고 한 공안국(孔安國)의 견해에 따른 풀이임. 한편 양보어쥔(楊伯峻)은 고대의 '인' 자(字)는 넓은 의미로는 민중·백성을 뜻하고, 좁은 의미로는 단지 사대부 이상의 높은 벼슬아치만을 가리키며, 여기서는 분명 좁은 의미라고 하였으나, 아무래도 천착한 감이 있음.

〈이 이를 주자는 현덕(賢德)이 있으면서도 문지기 노릇을 하며 은둔한 사람일 것으로 추정함〉가 조소 어린 말투로 "안 되는 줄 알면서 굳이 그걸 하려고 드는 사람〔知其不可而爲之者〕"〈「헌문」〉이라고 한 것을 보면, 당시 각국의 정치 상황상 구세는 그야말로 무모한 도전이었는지도 모를 일이다.

한번은 공자가 제자들을 데리고 천하를 주유하던 길에 자로를 시켜, 함께 밭을 갈고 있는 초(楚)나라 은사 장저(長沮)와 걸닉(桀溺)에게 나루터가 어디에 있는지를 물어보게 하였다. 이에 자로가 공자의 제자임을 알게 된 걸닉은 "거대하고 거침없는 혼돈의 물결이 온 천하를 뒤덮고 있는데, 어느 누가 그것을 바꿀 수 있단 말인가?〔滔滔者天下皆是也, 而誰以易之〕"라고 하며 공자의 무모함을 비판하더니, "더욱이 그대가 사람을 피해 다니는 이를 따르는 게, 어찌 세상을 피해 사는 이를 따르는 것만 하겠는가?〔且而與其從辟人之士[2]也, 豈若從辟世之士哉〕"라고 하며, 자로에게 공자를 따라다니지 말고, 자신들을 따르라고 권유하기까지 하였다. 자로가 돌아와 은사들과 나눈 이야기를 아뢰자, 공자는 "사람이 어차피 짐승들과 무리를 지어 살 수는 없거니, 내가 만약 세상 사람들과 더불어 살지 않는다

---

2 辟人之士(피인지사) : 사람을 피해 다니는 이. 곧 공자를 가리킴. 천하를 주유하며, 가는 나라마다 뜻을 얻지 못하고 다시 다른 나라로 떠나곤 한 것이 마치 사람들을 피해 다닌 것 같다고 하여 이른 말임.

면, 누구와 더불어 살겠느냐? 그리고 천하에 바른 도가 행해지고 있다면, 나도 세상을 바꾸려고 하지 않을 것이다.〔鳥獸不可與同羣, 吾非斯人之徒與而誰與? 天下有道, 丘不與易也〕"〈「미자(微子)」〉라고 하며 세상 사람들이 세상을 구제하겠다는 당신의 뜻을 알아주지 않는 데 대해 진한 아쉬움을 토로하였다. 그런 가운데서도 공자는 "나는 하늘을 원망하지도 않고 사람을 탓하지도 않으며, 오로지 아래로 인간사를 배워서 위로 천명(天命)을 알게 되었나니, 나를 알아주는 것은 아마도 하늘뿐이리라!〔不怨天, 不尤人, 下學而上達. 知我者, 其天乎〕"〈「헌문」〉라고 하며 하늘로부터 부여 받은 숭고한 구세의 사명을 다시 한 번 가슴 깊이 새기며 진력할 것을 다짐하였다.

4. 공자의 사상은 군주를 위한 것이 아니라 분명 민중을 위한 것이었다!

지금까지 살펴본 바에서 우리는, 공자가 주창한 인의 도덕 사상이 세간의 비판과는 달리 군주를 위한 것이 아니라 진정 민중을 위한 것이었다는 사실을 분명히 알 수가 있다. 세간의 비판은 그야말로 논리적으로나 사상적으로 타당성을 결여한 억설에 지나지 않는다. 그렇다면 후세 사람들은 왜 그렇게 잘못 알고 있는 것일까? 사실 그것은 세상 뭇사람들을 탓할 문제가 아니다. 그 잘못과 탓은 바로 후세의 통치자, 권력자, 기득권자들에게 있다. 그들은 공자 사상의 본질인 인본주의 · 휴머니즘 정신은 애써 외면한 채, 뭇사람들을 그들의 입맛대로 부리고 다스리려는 불순한 의도로 공자가 창도한 인의 도덕 본연의 의의와 취지를 왜곡 악용한 것이다. 그들은 성인 공자의 사상과 가르침을 빙자한 그럴듯한 구실과 명분으로 충군과 애국, 복종과 순종, 헌신과 희생을 은근히 강요하는가 하면, 온갖 제도와 규범 · 정령과 형벌로 대인(對人) · 대민(對民) 통제와 억압을 은연중에 정당화하였다. 그렇게 윤리 도덕을 가장한 권력과 권위에 억눌린 삶을 산 사람들이 알게 모르게 공자 사상에 대해 부정적인 인식과 의식을 갖게 되는 것은 극히 자연스럽고 당연한 일이다. 하지만 이제 우리는 눈을 크게 뜨고, 마음을 넓게 열어 공자 사상이 왜곡된 사태의 전말과 실체를 분명히 알도록 노력하여야 한다. 왜냐하면 그것이 바로 우리 스스로가 보다 사람다운 삶을 살 수 있는 근원적 동력을 확보하는 길이기 때문이다.

제2장
유교(儒教)는 종교인가 아닌가?

중국철학사상 공자는 유가의 창시자로 존숭되는데, 유가는 곧 선진(先秦) 제자백가의 일파(一派)로, 공자의 학설과 사상을 숭상하는 학파를 말한다. 그리고 이른바 유학이 공자의 학설과 사상을 근원으로 하는 학문을 일컫는다면, 유교란 곧 유학을 종교적인 관점에서 이르는 말이다. 유교라는 말은 대략 남북조(南北朝)시대부터 시작된 것으로, 당시에 유행한 불교와 도교에 대응해 그같이 일컬어진 것으로 보인다. 아무튼 유교라는 일컬음은 아주 자연스럽게 사람들로 하여금 유교가 종교의 일종이라는 인식을 갖게 한다. 예를 들면 우리나라에서는 대통령이 관례적으로 종교 지도자들을 청와대로 초청해 간담회를 가지며 국정과 관련한 의견을 듣는 경우가 있는데, 그럴 때면 으레 유교를 대표해 성균관 관장이 함께 참석하는 것을 볼 수 있다. 그렇다면 유교는 과연 종교인가 아닌가?

일반적으로 종교의 구성 요건이라면 교리(教理)와 계명(誡命)과 의식(儀式)을 들 수 있는데, 그 가운데 중심은 당연히 교리일 것이다. 종교의 교리에는 우선 신격화된 전지전능한 절대자의 존재가 종교적 신앙의 대상으로 정립되어 있어야 한다. 한데 공자는 비록 그 덕망이 지극히 높아 후세에 인류의 위대한 스승인 '세계 사대성인'의 한 분으로 숭앙받고 있지만, 일반인들은 말할 것도 없고 유사(儒士)들조차도 공자를 예수나 부처 같은 신적인 절대자로 인식하지는 않는다. 그것은 물론 사상 관념상 그 같은 인식을 갖게 할 만한 어떠한 형상이나 표징이 없기 때문일 것이다.

> 공자께서 말씀하셨다. "나는 결코 태어나면서부터 인생의 진리를 아는 사람이 아니며, 단지 옛것을 좋아하여 급급히 탐구해 터득한 사람일 뿐이다."
>
> 子曰: "我非生而知之者, 好古, 敏以求之者也."〈「술이(述而)」〉

공자는 "태어나면서부터 아는 사람이 으뜸이요, 배워서 아는 사람은 버금이며, 곤경을 겪으면서 배우는 사람은 그 다음이고, 곤경을 겪으면서도 배우지 않는 사람은 사람 가운데 최(最)하류이다.〔生而知之者, 上也; 學而知之者, 次也; 困而學之, 又其

次也; 困而不學, 民斯爲下矣]"〈「계씨(季氏)」〉라고 하며, 사람의 지적 수준을 네 등급으로 분류한 바 있다. 진실로 이 세상에 '태어나면서부터 아는 사람'이 존재한다면, 공자야말로 바로 그런 분이라는 것이 당시 사람들의 생각이었다. 하지만 공자는 사람들의 생각에 결코 동의하지 않았으며, 당신은 단지 '배워서 아는 사람'일 뿐임을 분명히 하였다.

> 공자께서 말씀하셨다. "만약 나를 성인(聖人)이나 인자(仁者)라고 한다면, 내 어찌 감히 그 같은 명예를 감당하겠느냐? 하지만 성인과 인자를 우러러 스스로 배움에 싫증내지 않고, 사람들을 가르침에 게으름을 피우지 않는 것은 나 또한 그러할 따름이라고 할 수 있노라."
>
> 子曰: "若聖與仁, 則吾豈敢? 抑爲之不厭, 誨人不倦, 則可謂云爾已矣."〈「술이」〉

당시 사람들은 대개 공자를 인자와 성인으로 높이 받들었던 것으로 보인다. 한데 공자는 인자나 성인임은 극구 사양하면서도, 당신의 호학(好學) 정신과 교육 열정에 대해서는 한없이 자부하였다. 이는 곧 그 구도(求道)의 의지와 구세(救世)의 열정을 여실히 보여주는 것이다.

이처럼 공자는 '태어나면서부터 아는 사람'이니 성인이니

인자니 하는 당시 사람들의 숭앙조차도 애써 부인하고 사양하면서, 당신은 단지 열심히 배우고 가르쳐서 어떻게든 구세의 염원을 실현하고픈 사람일 뿐임을 강조하곤 하였다. 이는 물론 성인 공자의 겸사(謙辭)라고 할 수 있을 것이다. 하지만 아무리 그렇다고 하더라도 『논어』 전권(全卷)을 통해 공자의 언행 전반을 살펴보건대 그 어디에서도 전지전능한 절대자의 모습을 찾아보기는 어렵다.

종교 교리에는 또 무엇보다 현세(現世) 기복(祈福)이나 내세(來世) 영생(永生)에 대한 사상 관념이 있어야 한다.

> 자로가 귀신을 어떻게 섬겨야 하는지를 여쭙자, 공자께서 말씀하셨다. "사람도 제대로 섬기지 못하거늘, 어떻게 귀신을 섬길 수 있겠느냐?" 자로가 또 말했다. "감히 여쭙건대 죽음이란 어떤 것입니까?" 공자께서 말씀하셨다. "삶도 제대로 알지 못하거늘, 어찌 죽음을 알겠느냐?"
>
> 季路問事鬼神. 子曰: "未能事人, 焉能事鬼?" 曰: "敢問死." 曰: "未知生, 焉知死?"〈「선진(先進)」〉

> 번지가 어떻게 하는 것이 지혜로운 것인지 여쭙자, 공자께서 말씀하셨다. "사람의 마땅한 도리를 다하는 데에 힘쓰고, 귀신을 공경하면서도 멀리하면 지혜롭다고 할 수 있다."

> 樊遲問知. 子曰: "務民之義, 敬鬼神而遠之, 可謂知矣."〈「옹야(雍也)」〉

귀신이나 죽음의 문제는 분명 인생사의 중대한 과제이다. 하지만 양자는 사람이나 삶의 문제보다 알기가 더 어렵고 더 힘들다. 공자의 사상은 어디까지나 인간의 내세, 즉 사후(死後) 세계가 아니라 현세의 삶의 문제를 중시하는 데에 기반을 두고 있다. 그리하여 공자는 "사람의 마땅한 도리를 행함에 힘쓰고, 귀신을 공경하면서도 멀리하면 지혜롭다고 할 수 있다."는 말로, '어리석은' 사람들이 귀신을 미신하며 강복을 비는 데에 주력하면서 사람의 본분과 도리를 다하는 데에는 소홀함을 크게 경계한 것이다. 이렇듯 공자는 결코 천명이나 귀신을 완전히 부정하지는 않았으나 애써 회피하거나 그 의미를 약화시키면서 당신의 철학적 사색을 인간관계의 문제에 집중시킴으로써 완정(完整)한 '인'의 사상 체계를 건립하였다.

> 공자께서 중병을 앓으셨는데, 자로가 신(神)께 빌기를 청하자 공자께서 말씀하셨다. "그런 게 있느냐?" 자로가 대답하였다. "예, 있습니다. 옛날 뇌문에 이르기를, '그대를 위해 천지신명께 비노라.'라고 하였습니다." 공자께서 말씀하셨다. "나는 신께 빈 지 이미 오래되었노라."

子疾病, 子路請禱. 子曰: "有諸?" 子路對曰: "有之. 誄曰: 禱爾于上下神祇." 子曰: "丘之禱久矣."〈「술이」〉

공자가 중병을 앓자, 자로가 걱정스런 마음에 천지 신령께 스승의 쾌유를 빌기를 청하였다. 이에 평소 '공경하되 멀리하는' 태도로 귀신을 미신하기보다는 인사에 진력해야 함을 강조한 공자였지만, 제자의 호의를 차마 묵살하지 못하고, 완곡한 말로 거절하며 제자를 안심시켰다. 사람은 하늘의 이치에 따라 사는 것이 중요하며, 굳이 신의 가호를 빌 것은 없다는 것이 공자의 기본 입장이었다. 그 때문에 공자는 평소 천도(天道)에 순응하고 천명을 받들어 따르며 하루하루의 삶에 충실하였다. 그 같은 평시의 처신 처사가 이미 신명의 뜻에 부합하는 것이었으니, 오랫동안 신께 빈 것이나 마찬가지이며, 와병 상황에 새삼스레 빌 필요는 없다는 것이다. 사람이 평소에는 천리(天理)를 거슬러 행동하기를 주저하지 않다가, 정작 위급한 상황에 처해서 신의 가호를 바란다면 무슨 소용이 있겠는가? 공자가 일찍이 "사람이 하늘에 죄를 지으면 빌 곳이 없다.〔獲罪於天, 無所禱也〕"〈「팔일(八佾)」〉고 한 것은 바로 그런 얘기이다.

공자는 이처럼 신격화된 절대자도 아닐뿐더러 오직 구세의 일념으로 귀신보다는 사람에 관심하였고, 내세보다는 현세의 올바른 삶의 길을 일깨우고, 그 이치를 설파하는 데 주력하였다. 그러니 어찌 유교를 종교라고 할 수 있겠는가?

제3장
유교의 조상 숭배는 주검 숭배요 귀신 숭배인가?

공자 사상과 유교 문화에서 조상 숭배, 즉 돌아가신 대대(代代) 어른들의 영혼을 숭배하는 것은 대단히 중요한 의미가 있다. 한데 이는 자칫 우리 사회 일각의 비판처럼 주검 숭배요 귀신 숭배라는 오해를 살 소지가 다분하다. 하지만 그건 그야말로 오해일 뿐이다.

> 맹의자가 효(孝)에 대해 여쭙자, 공자께서 말씀하셨다. "예를 어기지 않는 것입니다." 번지가 공자의 수레를 몰고 가는데, 공자께서 그에게 말씀하셨다. "맹손씨(孟孫氏)가 나에게 효에 대해 묻기에, 내가 '예를 어기지 않는 것'이라고 대답하였다." 번지가 말했다. "그게 무슨 말씀입니까?" 공자께서 말씀하셨다. "부모님이 살아 계실 때는 예로써 섬기며, 돌아가시면 예로써 장사지내고, 또 예로써 제사 드리는 것을 말한다."

孟懿子問孝. 子曰: "無違." 樊遲御, 子告之曰: "孟孫問孝於我, 我對曰 :'無違.'" 樊遲曰: "何謂也?" 子曰: "生, 事之以禮; 死, 葬之以禮, 祭之以禮."〈「위정」〉

공자가 효를 어떻게 하는 것인지를 묻는 노(魯)나라 대부(大夫) 맹의자의 질문에 답한 것을 보면, 공자의 사상 관념 속에서 '부모님이 돌아가시면 예로써 장사지내고, 또 예로써 제사드리는 것'은 바로 '부모님 살아 계실 때 예로써 섬기는 것'과 마찬가지로 효의 일환임을 분명히 알 수 있다. 그것은 결코 주검 숭배나 귀신 숭배의 차원이 아니다.

상술한 바와 같이 공자는 귀신을 섬기며 구복(求福)에 매달리기보다는 공경하되 멀리해야 한다고 하였다. 공자에게 있어 조상에 대한 장사나 제사는 단지 윤리 도덕적 행위와 의미일 따름이다. 그렇기 때문에 공자는 조상 숭배가 자칫 주검 숭배나 귀신 숭배 같은 미신적 종교적 행위로 흐르면서, 사람들을 미혹시키는 결과를 낳는 것을 경계하였다. 공자가 중병을 앓을 때, 귀신에게 빌자고 한 자로의 제안을 완곡하게 거절한 것 역시 같은 맥락으로 이해된다. 공자가 말한 부모 생전이나 사후에 자식이 행하는 효도에 대해, 송대(宋代) 형병(邢昺)이 보다 구체적으로 부연해 이해를 도왔다. 즉, '살아 계실 때는 예로써 섬긴다는 것'은 겨울에는 따뜻하게, 여름에는 시원하게 해드리고, 저녁에는 편안히 쉬고 주무실 수 있도록 해드리며, 새벽에는 안부를 여쭙는 것 등이다. '돌아가시면 예로써 장사지낸다는 것'은 관곽(棺槨)과 수의(壽衣)를 마련해 시신을 거두고 좋은 묏자리를 보아 안장하는 것이요, '예로써 제사 드린다는 것'은 봄가을로 제물을 차려 제사를 지내며 돌아가신 부모를 애모(哀慕)하는 것이다.

재아가 여쭈었다. "부모의 상사(喪事)에 3년 동안 거상(居喪)하는 것은 너무 긴 것 같습니다. 군자가 3년 동안이나 예법을 익히지 않으면 예법이 필시 무너질 것이요, 3년 동안이나 음악을 익히지 않으면 음악이 필시 황폐할 것입니다. 1년이면 묵은 곡식은 이미 다 떨어지고, 햇곡식이 어느새 등장하며, 불씨 얻는 나무도 바꾸고 바꾸어 한 바퀴를 돌게 되니, 1년 동안만 거상하면 될 것입니다." 공자께서 말씀하셨다. "(부모가 돌아가신 지 3년도 안 되어) 쌀밥을 먹고, 비단옷을 입는 것이 네 마음에는 편안하겠느냐?" 재아가 말했다. "편안하겠습니다." 공자께서 말씀하셨다. "네 마음이 편안하다면 그렇게 하여라. 군자가 상중(喪中)에 있을 때는 진미(珍味)를 먹어도 달지 않고, 음악을 들어도 즐겁지 않으며, 집에 있어도 편안하지 않기 때문에 그렇게 하지 않는 것이다. 그런데 지금 네 마음이 편안하다면 그렇게 하여라." 재아가 밖으로 나가자, 공자께서 말씀하셨다. "여(予)는 참 인(仁)하지 못하구나! 자식은 태어나 3년이 되어서야 비로소 부모의 품을 벗어나는 것이다. 그 때문에 부모를 위해 삼년상을 받드는 것은 천하가 다 행하는 상례(喪禮)이다. 여도 분명 그의 부모에게 3년 동안 사랑과 보호를 받았으렷다!"

宰我問: "三年之喪, 期已久矣. 君子三年不爲禮, 禮必壞; 三年不爲樂, 樂必崩. 舊穀旣沒, 新穀旣升, 鑽燧改火, 期可已矣." 子曰: "食夫稻, 衣夫錦, 於女安乎?" 曰: "安." "女安, 則爲之! 夫君子之居喪, 食旨不甘, 聞樂不樂, 居處不安, 故不爲也. 今女安, 則爲之!" 宰我出. 子曰: "予之不仁也! 子生三年, 然後免於父母之懷. 夫三年之喪, 天下之通喪也. 予也, 有三年之愛於其父母乎!"〈「양화(陽貨)」〉

공자의 설명에 따르면, 자식이 부모를 위해 삼년상을 치르는 것은, 자신이 세상에 태어나 부모의 품에서 3년간 고이고이 길러 진 데에 대한 최소한의 보답이자 감은(感恩)의 표현이다. 부모의 품을 벗어나기까지 3년간의 그 하해와 같은 은혜를 생각하면, 부모가 돌아가시고 적어도 3년 정도는 거상하며 일말의 효심을 다해야 한다는 것이다. 물론 삼년 거상이라는 형식은 시대에 따라 바뀔 수 있다. 하지만 그 본질적인 취지와 정신은 길이길이 지켜 가고 살려 가야 할 것이다.

증자가 말하였다. "임금이 부모의 장사(葬事)에 슬픔과 예(禮)를 다하고, 조상의 제사에 정성과 공경을 다하면, 민정(民情) 풍속이 돈후해질 것이다."

曾子曰: "愼終追遠, 民德歸厚矣."〈「학이」〉

증자는 공자 만년의 수제자인 만큼, 그의 말을 통해서 공자의 사상 관념을 엿보는 것은 충분히 가능한 일이다. '신종(愼終)'은 장례를 삼간다는 뜻으로, 부모의 장사에 슬픔과 예를 다한다는 말이다. '종'은 죽음을 뜻하는데, 여기서는 장사 · 장례를 두고 이르는 말이다. '추원(追遠)'은 조상을 추념(追念)해 제사지낸다는 뜻으로, 조상의 제사에 정성과 공경을 다한다는 말이다. '추'는 추념함을 뜻하며, 여기서는 제사 · 제례를 두고 이르는 말이다. '원'은 돌아가신 지 오래된 조상(부모 포함)을 이른다.

이른바 '신종' · '추원'은 돌아가신 부모와 조상을 향한 효심의 표현이다. 효도는 인도(仁道)의 근본이요, 장례와 제례는 끝없는 아쉬움과 그윽한 그리움을 담은 효도의 마지막 단계이다. 그 때문에 공문(孔門) 유가(儒家)에서는 장제(葬祭)를 중시하며, 특히 상행하효(上行下效), 즉 윗사람이 바르게 행하고, 아랫사람이 그것을 본받을 것을 강조하였다. 통치자가 솔선수범해 그 장제에 정성과 예를 다함으로써 만백성이 교화·감화되어 상하(上下)가 모두 효도를 생활화하고, 그러한 가운데 인후(仁厚)한 민풍(民風) 도덕이 형성되기를 기대한 것이다. 효도는 백행(百行)의 근본인 만큼, 온 나라 만백성을 다스리는 임금이 행하는 지극한 효도는 국가 사회 전체의 도덕과 풍속에 긍정적인 영향을 끼치는 법이다.

제4장
왕권신수설(王權神授說)과 충신불사이군(忠臣不事二君) 관념은 공자의 사상인가 아닌가?

옛날의 전제 군주들은 너나없이 자신들의 권력 기반을 공고화하고 강화하기 위해 다양한 방편을 모색해 적극적으로 이용하였다. 이른바 왕권신수설과 충신불사이군 관념은 바로 그 가운데서도 가장 핵심적이고 가장 효과적인 것이었다. 전자는 곧 왕권은 천신(天神)으로부터 부여 받은 신성불가침의 권력이요 영역임을 강조함으로써, 왕권에 대한 절대 복종을 요구함과 동시에 어떠한 도전이나 반역도 결코 용납되지 않음을 강력 경고하는 의도를 천명하고 있다. 또 후자는 곧 충신은 두 임금을 섬기지 않는다는 것을 강조함으로써 중신(衆臣)의 변절과 반역을 원천적으로 봉쇄하려는 분명한 의도를 드러내고 있다. 왕권신수설은 주(周)나라 이전부터 있어 왔고,

'충신불사이군'이란 말은 비록 한(漢)나라 무제(武帝) 때 사마천(司馬遷)이 편찬한 『사기(史記)』「전단열전(田單列傳)」에 처음 보이기는 하나, 그 같은 관념은 사실상 예로부터 있어 왔다.

아무튼 이 두 관념은 우리나라 역대 왕조에서도 크게 강조되었다. 특히 신유학(新儒學)인 성리학(性理學)을 바탕으로 통치 이념을 정립하고, 정치 질서를 유지했던 조선 왕조가 오늘날과 가장 가까운 시대의 역사였던 만큼, 우리는 대개 그 두 관념이 필시 유학의 창시자인 공자의 사상이거나, 아니면 적어도 그 영향하에 형성된 의식 관념일 것으로 믿고 있는 듯하다. 하지만 결론부터 말하면 그것은 진실이 아니다.

1. 공자의 충군(忠君) 관념과 후대(後代)의 충군 관념

충군, 즉 임금에게 충성을 다한다는 것은 공자의 사상에 있어서도 자못 중요한 관념이다. 공자는 일찍이 "임금을 섬김에 예를 다하는 것을, 사람들은 오히려 아첨한다고 여기는구나. 〔事君盡禮, 人以爲諂也〕"〈「팔일」〉라고 한 적이 있다. 천하무도의 난세였던 당시는 임금에게 무례한 자가 허다하여, 예를 다하는 것을 오히려 아첨한다고 할 정도였다. 공자는 바로 그 같은 세태를 개탄한 것이다. 그렇다면 예를 다하는 것과 아첨하는 것은 어떻게 다른가? 그것은 곧 의(義)냐, 불의냐의 문제이다. 예절과 도리를 다하는 신하는 공익과 대의를 추구하지만, 아첨을 하는 신하는 사리와 사욕을 꾀할 뿐이다. 따라서 진정한 충군은 결코 무조건적인 것이어서는 안 된다는 게 공자의 생각이다.

> 정공이 물었다. "임금이 신하를 부리고, 신하가 임금을 섬기는 것을 어떻게 해야 합니까?" 공자께서 대답하셨다. "임금은 신하를 부림에 예의를 갖추고, 신하는 임금을 섬김에 충성을 다해야 합니다."
>
> 定公問: "君使臣, 臣事君, 如之何?" 孔子對曰: "君使臣以禮, 臣事君以忠."〈「팔일」〉

노나라 임금 정공의 고민은 결국 '어떻게 하면 신하로 하여금 임금을 잘 섬기게 할 수 있을까?' 하는 것이었다. 이에 대한 공자의 대답은 사실상 '임금이 먼저 신하를 예우(禮遇)하면, 신하는 자연히 임금에게 충성하게 된다'는 얘기다. 신하에 대한 임금의 예우가 곧 임금에 대한 신하의 충성을 이끌어 내는 전제 조건이자 원동력이다. 다시 말해 신하에게 신하다움을 요구하기 전에 임금이 먼저 임금다울 수 있어야 한다는 것이니, 공자는 임금의 솔선수범을 강조한 것이다.

나라와 임금에게 온 몸과 마음을 바쳐 충성을 다한다는 것은, 주지하다시피 후대(後代)의 옛사람들에게는 그야말로 모든 신민(臣民)의 대의(大義), 즉 마땅히 지키고 행해야 할 큰 도리였다. 후대의 '신사군이충(臣事君以忠)'은 신민의 일방적인 충군 의무로, 무조건적이고 절대적인 것이었다. 하지만 공자가 말하는 충군은 '군사신이례(君使臣以禮)'와 연계되어 있으며, 따라서 그것은 군신(君臣) 쌍방의 상호 유(有)전제 · 유(有)조건의 상대적 의무를 이른다. 오직 임금이 신하를 예우할 때에만 신하도 충심으로 임금을 섬길 수 있다는 것이다. 이것이 곧 공자가 제시한 군신관계의 엄연한 준칙이다.

임금과 신하는 비록 평등 관계가 아닌 상하 예속 관계로 맺어져 있기는 하나, 그 예속은 일정한 조건이 있는 것으로, 각기 그 본연의 도리를 다하는 것을 전제로 한다. 임금의 본분과 도리는 백성들에게 자애롭고 은혜로우며 신하를 부림에 예를 갖추고, 정사(政事)를 신중하고 정성스럽게 처리하며 신실함을 다하는 것이다. 또 신하의 본분과 도리는 임금을 섬김에 바른 도를 지키며 충성을 다하는 것이다. 임금과 신하는 각기 그 지위에 안거(安居)하며 직무를 다하면서 함께 나라와 백성을 위해 최선을 다하여야 한다. 그렇게 임금이 한껏 임금다운 상황하에서, 신하 역시 신하다움을 극하는 가운데 성심을 다해 충군함으로써 궁극적으로 만백성에 대한 충성을 실행하는 것이어야 한다.

그렇다면 임금이 그 본연의 도리를 다하지 않는다면 어떻게 해야 할까? 한번은 노나라의 실권자 계씨(季氏)가 부용국을 정벌하려고 하였다. 당시 공자의 제자 염유(冉有)가 그 가신으로 있었지만 계씨를 저지하지 못했다. 그러자 공자가 고대 사관(史官)의 말을 인용해 염유에게 말하였다.

> 신하된 자는 자신의 힘을 다 바쳐 나라의 발전에 기여할 수 있으면 그 자리에 있고, 자신의 힘으로 어떻게 할 수 없는 난국에 이르면 그 자리에서 물러나야 한다.
>
> 陳力就列, 不能者止.〈「계씨」〉

나라의 임금이든 국정을 좌지우지하는 권력자든 무도(無道)함이 지나쳐, 신하된 이가 자신의 힘으로는 도저히 어떻게 할 수 없는 난국임에도 불구하고 변함없이 충성을 다하는 것은 우충(愚忠), 즉 어리석고 맹목적인 충성심일 뿐이다. 따라서 그러한 경우에는 자신의 직책에서 물러남으로써 그들의 전횡을 돕지 않는 것이 오히려 현명한 처사이라는 게 공자의 일갈(一喝)이다. 공자는 또 자로와 염유를 '대신(大臣)', 즉 큰 신하라고 할 수 있는지를 묻는 계씨 일가(一家)의 계자연(季子然)에게 대답하며 이렇게 말하였다.

이른바 큰 신하란 바른 도(道)로써 임금을 섬기며, 그러다가 만약 그렇게 할 수 없으면 그만두고 물러나지요.

所謂大臣者, 以道事君, 不可則止.〈「선진」〉

한 나라의 중추인 '대신'은 마땅히 정도로써 군주를 보필해야 한다. 그러나 만약 정도를 널리 펼칠 수 없는 암울한 상황에 직면한다면 군주 보필을 그만두고 자리에서 물러나야 한다. 공자는 실제로 대사구(大司寇)로 집정하던 말년(末年)에 노나라 조정의 암담한 현실에 크게 실망하며 정치 사회적 이상을 실현할 길이 요원함을 직감하고, 곧바로 벼슬을 버리고 주유열국 길에 올랐다.

요컨대 공자가 말하는 충군은, 임금이 혼군·폭군임에도 불구하고 맹목적으로 순종하며 우충을 다하는 것까지 충군으로 인식했던 후대의 무조건적인 관념과는 달리, 임금이 임금다우면서 신하를 예우할 줄 알아야 함을 전제로 한다는 분명한 조건과 원칙을 준수함으로써 궁극적으로 국가의 번영과 민생의 안녕을 기할 수 있는 것이었다.

2. 공자의 충군 관념에 내재된 진보적 의의

상술한 바에서 알 수 있듯이 공자가 주창한 충군의 사상 관념에는 후세의 그것과는 확연히 다른 진보적 의의가 내재되어 있다.

첫째, 공자의 사상에는 왕권은 신성불가침한 것이라는 관념은 존재하지 않는다. 상(商) 탕왕(湯王)과 주(周) 무왕(武王)은 모두 신하의 신분으로 군사를 일으켜 각각 폭군 하(夏) 걸왕(桀王)과 은(殷) 주왕(紂王)의 정권을 타도 전복하였다. 하지만 공자는 그처럼 무도한 임금을 시해한 것을 비난하지 않았을 뿐만 아니라, 오히려 폭정을 무너뜨리고 새 나라를 연 탕왕과 무왕의 덕을 한껏 높이 평가하였다.

> 옛날에 순임금이 천하를 차지한 후 뭇사람들 가운데서 골라 고요(皐陶)를 등용하자, 인(仁)하지 않은 사람들이 사라졌다네. 또 탕임금이 천하를 차지한 후 뭇사람들 가운데서 골라 이윤(伊尹)을 등용하자, 인하지 않은 사람들이 사라졌다네.
>
> 舜有天下, 選於衆, 擧皐陶, 不仁者遠矣. 湯有天下, 選於衆, 擧伊尹, 不仁者遠矣.〈「안연」〉

이는 공자가 인(仁)함이 무엇이며, 지혜로움이 어떤 것인지를 설명한 것에 근거해, 자하(子夏)가 순임금과 탕임금이야말로 진정 양자를 겸비한 전형 인물이란 점을 부연한 것이다.

비록 제자 자하의 말이기는 하나, 스승 공자의 의식 관념을 대변하기에 손색이 없다. 또한 공자는 무왕이 건국한 "주 왕조의 덕(德)이야말로 진정 지극한 덕이라 할 수 있다.〔周之德, 其可謂至德也已矣〕"〈「태백(泰伯)」〉고도 하였다. 주지하다시피 공자는 선대의 여러 임금들 가운데 요임금・순임금・우(禹)임금・탕왕・문왕(文王)・무왕 그리고 주공(周公)을 성군(聖君)으로 숭앙하였다. 다시 말해 탕왕과 무왕을 모두 성군의 반열에 올려 긍정하고 칭송하였으니, 공자의 의식과 사상에는 왕권신성불가침의 관념이 전제된 후세의 충군사상은 존재하지 않았으며, 오히려 임금이 임금답지 못한 잔혹하고 포악한 군주를 타도하고 전복하는 것을 찬성하고 지지하였다.

둘째, 공자의 사상에는 또 후세에 극력 강조된 '충신불사이군'의 관념도 존재하지 않는다. 관포지교(管鮑之交)로 널리 알려진 춘추시대 제(齊)나라 관중(管仲)은 본디 공자(公子) 규(糾)의 스승이었다. 한데 공자 규는 정쟁의 와중에 제나라 환공(桓公)에게 피살되고 말았다. 그러자 관중과 함께 공자 규를 돕던 소홀(召忽)은 스스로 목숨을 끊고 절개를 지켰으나, 관중은 살아남아 지우(知友)인 포숙아(鮑叔牙)의 추천으로 환공에게 등용되었고, 그 후 환공을 헌신적으로 도와 패업을 이루게 하였다. 이에 공자는 '이신(貳臣, 두 왕조에 벼슬한 신하)'인 관중을 지탄하기는커녕 오히려 그 재덕(才德)과 공로를 대단히 유의미한 것으로 높이 평가하였다.

자로가 말했다. "제나라 환공이 공자 규를 죽이자, 소홀은 그를 위해 죽었으나 관중은 죽지 않았습니다. 그렇다면 관중은 인(仁)하지 못한 것이지요?" 공자께서 말씀하셨다. "환공이 여러 차례 제후들을 모아 회맹(會盟)하면서도 무력을 쓰지 않았으니, 그 모두가 관중의 역량이다. 이것이 곧 그의 인덕(仁德)이로다! 이것이 곧 그의 인덕이로다!"

子路曰: "桓公殺公子糾, 召忽死之, 管仲不死. 曰未仁乎?" 子曰: "桓公九合諸侯, 不以兵車, 管仲之力也. 如其仁! 如其仁!"〈「헌문」〉

자공이 말했다. "관중은 인한 사람이 아니겠지요? 환공이 공자 규를 죽였는데도, 그는 따라 죽기는커녕 오히려 환공을 도왔습니다." 공자께서 말씀하셨다. "관중이 환공을 도와 뭇 제후의 패자(霸者)가 되게 하여, 비로소 천하가 바로 잡혔고, 백성들이 지금까지 그 은혜를 입고 있다. 만약 관중이 없었다면, 우리는 아마 머리를 풀어헤치고 옷깃을 왼쪽으로 여미게 되었을 것이다. 그의 처신이 어찌 보통 사람들이 작은 신의를 지키기 위해 산골짜기에서 스스로 목매어 죽고 나면 아무도 알아주는 사람이 없는 것과 같겠느냐?"

子貢曰: "管仲非仁者與? 桓公殺公子糾, 不能死, 又相之." 子曰: "管仲相桓公, 霸諸侯, 一匡天下, 民到于今受其賜. 微管仲, 吾其被髮左衽矣. 豈若匹夫匹婦之爲諒也, 自經於溝瀆而莫之知也?"〈위와 같음〉

자로와 자공은, 자신이 섬기던 사람을 위해 절개를 지키지 않은 관중을 심히 못마땅해 하고 있는데, 두 사람의 생각은 사실상 당시 사람들의 보편적인 인식이었을 개연성이 크다. 하지만 공자의 생각은 달랐다. 공자는 우선 환공이 무력이 아닌 인의(仁義)의 방법으로 제후들을 규합하고 따르도록 한 것은 모두가 관중의 훌륭한 보좌 때문이라고 전제하였다. 그리고 그 같은 관중이야말로 진정 인덕을 갖춘 인물이라며 최고의 찬사를 아끼지 않았다. 자신이 받드는 이를 위해 절개를 지키는 것은 분명 중요하고 또 높이 살 일이다. 하지만 관중과 같이 새로운 임금을 도와 전쟁을 없애고 수많은 사람이 목숨을 잃는 사태를 미연에 방지한 공로 또한 결코 그에 못지않으며, 오히려 "작은 신의를 지키기 위해 산골짜기에서 스스로 목매어 죽고 나면 아무도 알아주는 사람이 없는 것"보다 훨씬 더 의미 있는 일이라는 것이다. 그야말로 세상만사에 있어서 반드시 어떻게 해야 된다거나 아니면 절대로 어떻게 하면 안 된다거나 하는 고지식한 사고에 얽매여 있지 아니하고 "오직 알맞고 마땅함에 따르는〔義之與比〕"〈「이인」〉 군자의 풍모란 바로 이런 것이리라. 요컨대 이처럼 합리와 융통 그리고 중용의 고귀한 의의를 더하는 범상치 않은 공자의 식견과 도량은 바로 만백성을 도탄에서 구해 내어 편안히 살 수 있게 해주어야 한다는 그 원대한 정치적 이상의 발로요 작용임은 두말할 나위가 없다.

제5장
공자의 사상은 보수인가 진보인가?

공자가 살았던 춘추 말엽은 지금으로부터 2천5백 년 전이니, 그야말로 까마득한 옛날이다. 그래서인가 많은 사람들은 공자의 사상과 가르침이라면 으레 케케묵은 사고에 갇힌 시대에 뒤떨어진 이야기일 것이라는 선입견과 편견을 가지고 있다. 사람들은 또 같은 맥락에서 공자의 사상은 과거지향에 보수적인 사상이라며 비판적이고 부정적인 시각으로 보기도 한다. 사실 공자 사상의 실체에 대한 깊고 넓은 탐구와 이해에 이르지 않는 한, 그 같은 생각과 시각을 갖는 것은 누구에게나 아주 자연스럽고 당연한 일인지도 모른다.

우리는 상술한 공자의 '인' 사상과 숭고한 이상, 충군 관념, 그리고 사람들이 귀신에게 복을 비는 데에만 주력하고 인사(人事)에는 소홀함을 경계시킨 관점 등 몇 가지만 봐도, 공자의 사상이 얼마나 시대를 앞선 것인지를 쉽게 알 수가 있다. 그뿐만이 아니다.

1. 공자 정치사상의 진보성

'천하무도'의 난세를 살며 구세에의 고민이 깊었던 공자의 정치사상은 인정(仁政) 덕치가 핵심인 만큼, 그 진보성은 두말할 나위가 없는 것이다.

> 공자께서 말씀하셨다. "위정자 자신이 바르면 백성들은 명령을 내리지 않아도 알아서 잘 하지만, 위정자 자신이 바르지 않으면 백성들은 설령 명령을 내린다 해도 따르지 않을 것이다."
>
> 子曰: "其身正, 不令而行; 其身不正, 雖令不從."〈「자로」〉

공자는 이처럼 위정자의 솔선수범을 강조하였다. 윗물이 맑아야 아랫물도 맑다는 이치다. 위정자가 스스로 정도를 걷고 솔선수범하면서 백성들을 이끌고 다스린다면, 백성들은 필시 기꺼운 마음으로 본받고 따르며 스스로 자신이 할 일을 찾아서 할 것이란 얘기다. 솔선수범의 효과는 "높은 벼슬아치의 덕은 흡사 바람과 같고, 일반 백성의 덕은 흡사 풀과 같아서, 풀 위에 바람이 불면 풀은 반드시 바람이 부는 대로 눕게 마련이듯이〔君子之德風, 小人之德草. 草上之風, 必偃〕"〈「안연」〉 참으로 대단하다는 게 공자의 생각이다.

공자는 또 인정 덕치를 성공적으로 실현하기 위해서는 재덕(才德)을 겸비한 현인에게 의지하지 않으면 안 된다고 하였다. 공자가 『중용』에서, 정치를 어떻게 해야 하는지를 묻는 노 애공에게 "정치의 성패는 어진 인재를 얻느냐 못 얻느냐에 달려 있음〔爲政在人〕"을 강조한 것은 그 같은 취지를 극명하게 보여준다. 그 점은 물론 『논어』에서도 마찬가지이다.

> 중궁이 계씨의 가신이 되어 정치하는 방법을 여쭙자, 공자께서 말씀하셨다. "부하 관리들에게 솔선수범하고, 아랫사람의 작은 잘못을 용서하며, 어질고 유능한 인재를 등용하여라."
>
> 仲弓爲季氏宰, 問政. 子曰: "先有司, 赦小過, 擧賢才."〈「자로」〉

윗사람이 솔선수범하면 아랫사람이 게으름을 부리지 않을 것이요, 작은 잘못을 용서하면 아랫사람이 더욱 성심과 열성을 다할 것이다. 한데 정치를 함에 있어서 위정자의 솔선이나 관대함보다 더 중요한 것은 현능(賢能)한 인재를 등용하는 것이다. 왜냐하면 백성을 위한 어진 정치는 바로 현능한 인재를 통해서 시행될 수가 있기 때문이다. 진정 성세(盛世)의 실현을 꿈꾸는 통치자라면 현능한 인재를 발굴해 적절한 임무를 맡기는 것이 얼마나 중요한 것인지를 마음 깊이 새겨야 할 것이다.

더욱이 공자는 훌륭한 인재라면 그 출신을 불문하고 발탁 등용할 줄 알아야 함을 특별히 강조하기도 하였다.

> 공자께서 중궁을 두고 말씀하셨다. "얼룩소 송아지가 털이 붉게 빛나고 뿔이 단정하게 돋으면, 비록 사람들은 제사에 희생으로 쓰지 않으려고 하더라도, 산천의 신(神)이 어찌 그대로 내버려두겠느냐?"
>
> 子謂仲弓曰: "犂牛之子騂且角, 雖欲勿用, 山川其舍諸?" 〈「옹야」〉

송아지는 옛날 제사의 주요 희생이었으나, 밭갈이에 많이 부린 미천한 얼룩소의 송아지는 희생으로 쓰지 않았다. 설령 얼룩소가 좋은 새끼를 낳아 털 색깔과 뿔 상태가 예(禮)에 부합된다고 하더라도, 사람들은 편견에 사로잡혀 내키지 않아 하였다. 하지만 현군(賢君)이라면 기꺼이 그 송아지를 희생으로 제사를 지낼 것이요, 그러면 산천의 신도 흔쾌히 흠향할 것이다. 공자는 바로 이 같은 비유로 중궁의 사람됨을 높이 평가한 것이다. 중궁의 아버지는 신분이 미천한 데다 행실까지 불선(不善)하였다. 반면 중궁은 공자가 "경대부(卿大夫)의 높은 벼슬에 올라 백성을 다스리게 할 만하다〔可使南面〕"〈「옹야」〉고 평가할 정도로 재덕이 출중한 인물이었다. 그러므로 비록 그 출신은 미천하지만, 성군이라면 분명히 그를 높이 들어 쓸 것이라는 게 공자의 생각이다. 이렇듯 인재란 현능한 정도가 중요하지 출신 따위는 전혀 문제가 되지 않는다는 것이다. 공자의 이 같은 '현재 등용'의 사상은 그야말로 전통적인 '친척·친지(親知) 등용'의 관념을 타파함은 물론, 귀족 혈통론을 정면으로 부정하는 혁신적이고 진보적인 것이었다.

2. 공자 교육사상의 진보성

공자는 평생 배우고 가르치는 데 싫증을 내거나 게으름을 피우지 않았다. 바로 그 같은 풍부하고 열정적인 교학(教學)의 노력과 경험을 통해서, 공자는 그 특유의 진보적 의의를 띤 교육사상을 형성 주창하였다.

첫째, 교육의 대중화를 선도하였다. 고대 사회에서는 귀족의 자제만이 관학(官學) 교육을 받을 수 있었다. 배우고 싶다고 아무나 배울 수 있는 것이 아니었다. 하지만 공자는 "나는 오직 가르침이 있을 뿐, 사람의 유별(類別)은 없다〔有教無類〕"〈「

위영공(衛靈公)」〉는 점을 분명히 하였다. 그것은 곧 출신이나 신분 등의 유별을 막론하고 사람은 누구나 교육을 받을 권리가 있다는 인식의 발로였다. 그리하여 공자는 원하는 사람이면 누구나 제자로 받아들여 가르쳤는데, 그 가운데에는 귀족 출신보다는 빈천한 가문 출신이 많았고, 노나라 이외에도 여러 나라 출신이 두루 있었으며, 특히 당시로서는 미개한 변방 출신도 적지 않았다. 그야말로 역사상 유례없는 사학(私學)을 열어 개인 자격으로 교육에 박차를 가하면서 교육의 대중화를 이끈 것이다.

둘째, 덕육(德育)을 근본으로 하면서 지육(智育)을 부차(副次)로 삼은 교육 목표이다.

> 공자께서 말씀하셨다. "젊은이는 집 안에 들어가서는 부모에게 효도하고, 집 밖에 나가서는 어른을 공경하며, 말을 삼가서 신실하게 하고, 뭇사람을 두루 사랑하되 인(仁)한 사람을 특히 가까이 해야 하나니, 이를 행하고도 여력이 있으면 그제야 옛 글을 공부하는 것이다."
>
> 子曰: "弟子入則孝, 出則弟, 謹而信, 汎愛衆, 而親仁. 行有餘力, 則以學文."〈「학이」〉

사람은 우선적으로 덕행을 닦는 데 진력하면서, 여력이 있으면 틈틈이 글공부를 해야 한다. 한 마디로 배움은 도덕의 수양과 실천에 주력할 것이며, 부차적으로 지식의 습득과 증진에 노력을 기울여야 한다는 것이다.

공자 사상의 지향(志向)은 올바른 사람이 되는 이치를 궁구(窮究)하고 설파함에 있다. 도덕은 인간 행위의 규범으로서 사람됨의 표준이다. 그 가운데서도 특히 '효제(孝悌)'는 '인(仁)'의 근본이다. 공자의 가르침이 효제로부터 출발함은 바로 그 때문이다. 효제는 한 사람이 어려서부터 가정에서 기르게 되는 기본 덕행이다. 그 바탕 위에 다양한 인간관계에서 말을 삼감으로써 신실함을 다하고, 뭇사람을 두루 사랑하는 박애를 실천하며, 또한 나아가 인자(仁者)를 가까이 하며 위인(爲人)의 기본 이치를 배워야 한다. 그리고 여력이 있으면 옛 문헌을 통해 성현의 가르침을 공부함으로써 전인(全人)을 추구한다. 요컨대 공자는 인성교육을 최우선시한 것이다. 오늘날 우리는 그간 인성 교육과 가치관 교육을 등한시한 까닭에, 온갖 국가사회적 문제가 이미 심각한 지경에 이르렀다. 우리 교육의 목표와 지향에 대한 근본적이고 혁신적인 성찰과 개선이 절실히 요구된다.

셋째, 지극히 이상적인 교학(敎學)의 방법이다. 먼저 공자는 제자들의 개성과 특성에 따라 개인별 맞춤식 교육을 실시하였다.

자로가 여쭈었다. "좋은 말을 들으면 바로 행동에 옮겨야 합니까?" 공자께서 말씀하셨다. "아버지와 형이 계시는데 어떻게 듣는 대로 바로 행하겠느냐?" 염유가 여쭈었다. "좋은 말을 들으면 바로 행동에 옮겨야 합니까?" 공자께서 말씀하셨다. "들으면 바로 행하여라." 공서화가 말했다. "유(자로)가 '좋은 말을 들으면 바로 행해야 합니까?' 하고 여쭈었을 때는 선생님께서 '아버지와 형이 계시는데'라고 하셨는데, 구(염유)가 '좋은 말을 들으면 바로 행해야 합니까?' 하고 여쭈었을 때는 선생님께서는 '들으면 바로 행하라.'고 하셨습니다. 저는 너무 의아하여 감히 그 까닭을 여쭙습니다." 공자께서 말씀하셨다. "구는 평소 소극적이라 좀 진취(進取)하도록 북돋운 것이고, 유는 본시 용맹이 넘치는지라 좀 신중하도록 억제시킨 것이다."

子路問: "聞斯行諸?" 子曰: "有父兄在, 如之何其聞斯行之?" 冉有問: "聞斯行諸?" 子曰: "聞斯行之." 公西華曰: "由也問聞斯行諸, 子曰, '有父兄在', 求也問聞斯行諸, 子曰, '聞斯行之'. 赤也惑, 敢問." 子曰: "求也退, 故進之; 由也兼人, 故退之."〈「선진」〉

공자는 두 제자의 똑같은 질문에 정반대의 대답을 하였다. 염유는 일찍이 "선생님의 학설을 좋아하지 않는 것은 아니지만, 저는 재능이 부족합니다.〔非不說子之道, 力不足也〕"〈「옹야」〉 라고 할 정도로, 뭔가 위축되고 소심한 성격의 소유자였다. 그 때문에 공자는 그를 적절히 고무해 성격상의 결함을 메우려고 한 것이다. 반면 "자로는 들은 것이 있는데도 그것을 미처 실행하지 못했을 때는, 새로운 것을 또 들을까 몹시 두려워할〔子路有聞, 未之能行, 唯恐有聞〕"〈「공야장」〉 정도로, 들은 것을 실천하는 데 누구보다도 적극적이었다. 하지만 자로의 그 같은 성격은 때로는 경솔하고 무모한 면이 없지 않았다. 그 때문에 공자가 특별히 그 기세를 억제해, 먼저 부형(父兄)에게 아뢰어 의견을 들은 다음에 행함으로써 과오를 범하지 않도록 한 것이다. 이처럼 공자는 두 사람의 개성적 특징을 고려해, 그 단점을 보완함으로써 보다 원만한 품성을 기를 수 있도록 훈육한 것이다. 이 밖에도 『논어』에는 공자가 실시한 개인별 맞춤 교육을 단적으로 보여주는 사례가 많다.

다음으로 공자는 계발식(啓發式) 교육을 실시하였다.

> 공자께서 말씀하셨다. "어떤 이치를 너무나 알고 싶은데 여의치 않아 안달하는 상태가 아니면 일깨워주지 않으며, 어떤 이치를 안 후 그것을 너무나 설명하고 싶은데 여의치 않아 안달하는 상태가 아니면 말문을 틔워주지 않는다. 또한 사리(事理)의 한 방면을 들어 설명해 주었는데도 나머

지 세 방면을 유추해내지 않으면 더 이상 일러주지 않는다."

子曰: "不憤不啓; 不悱不發; 擧一隅, 不以三隅反, 則不復也."〈「술이」〉

계발식 교육이란 교육자가 갖가지 방식을 통해 학습자의 적극적인 사고와 사색을 계발하여, 그들이 자각적으로 지식을 습득하고 이치를 깨닫도록 가르치는 방식을 말한다. 공자는 바로 이 같은 방식을 통해 학습자의 향학열과 사고력 및 창의력을 최대한 자극하고 증진시켰다. 이는 결국 주입식 교육으로는 도저히 기대할 수 없는, 교육과 학습의 효과를 극대화하면서 궁극적으로 청출어람(靑出於藍)의 창의적인 성과와 발전을 가능케 한다.

3. 공자 사고방식의 진보성

유교적 사고방식이라면 사람들은 필시 완고하다느니 고루(固陋)하다느니 고지식하다느니 하며 그 외곬으로 곧아 융통성이 없음을 큰 문제점으로 꼽을 것이다. 또한 그런 까닭에 사람의 개성과 자율성, 창의성을 억압하는 것일 뿐이라며 눈살을 찌푸릴지도 모른다. 후세의 일부 유가(儒家) 선비들의 행태나 근현대 사회에까지 이어진 그 전통을 감안하면, 이는 분명 당연한 반응이라는 생각이 든다. 하지만 그것은 유가의 창시자인 공자의 철학 사상에 대한 후세 사람들의 심층적 이해 부족과 의도적 왜곡의 결과일 뿐이다. 공자 사상의 본연(本然)은 결코 그렇지가 않다.

> 공자께서 말씀하셨다. "군자는 천하만사에 있어 반드시 어떻게 해야 된다는 것도 없고, 또 절대로 어떻게 하면 안 된다는 것도 없으며, 오직 알맞고 마땅함에 따를 뿐이다."
>
> 子曰: "君子之於天下也, 無適也, 無莫也, 義之與比."〈「이인」〉

인생 만사에 과연 고정 불변의 철칙이 있을까? 사람은 처신처사에 있어 주관적인 고정관념에 사로잡혀 하나는 알고 둘은 모르는 고집불통이어서는 안 된다. 오히려 객관적 형세나 사리(事理)에 알맞고 마땅함을 좇아 융통성 있게 대처할 줄 알아야 한다. 공자가 이른 대로, "말은 반드시 신의를 지키려 하고, 행동은 반드시 성과를 내려 한다면, 외곬으로 고지식한 소인일 뿐이다.〔言必信, 行必果, 硜硜然小人哉〕"〈「자로」〉 반면에 "군자는 곧고 바르지만, 자신이 믿는 바를 무조건 고집하지는 않는다.〔君子貞而不諒〕"〈「위영공」〉 군자는 정도를 견지하되 결코 완고하지 않으며, 그 사고(思考)와 처사에 합리성과 융통성을 가미한다는 얘기다.

공자는 실제로 제자 공야장을 두고 이르기를, "사위로 삼을 만하다. 그가 비록 감옥에 갇힌 적은 있으나, 그건 그의 죄가 아니었다.〔可妻也. 雖在縲絏之中, 非其罪也〕"〈「공야장」〉라고 하면서 당신 딸을 그에게 시집보냈다. 공야장은 어쨌거나 소위 전과자였다. 설령 '그건 그의 죄가 아니었다'는 판단이 들더라도, 보통 사람이 공자같이 하기는 쉽지 않다. 그처럼 공자는 사람을 평가할 때, 어떠한 선입견이나 편견 없이 시비를 바르게 가려, 최대한 공정하게 판단하고 대하려고 하였다. 진정 군자다운 처사의 전형이라 할 것이다. 우리나라 세종대왕이 노비 장영실을 발탁해 크게 쓰는 등등의 여러 처사와 조치들 또한 군자다운 모습임에 틀림이 없다.

이상에서 간략히 살펴보았지만, 공자 사상의 혁신성과 진보성 그리고 그 우수성에 탄성이 절로 터진다. 공자의 사상은 결국 2천5백 년을 앞섰으니, 소위 진보로 말하자면 이보다 더한 진보가 없다. 하지만 사실 공자에게는 범인(凡人)들이 말하는 보수니 진보니 하는 편협함은 애시 당초 없었다. 오직 인애(仁愛)의 마음을 바탕으로 한 중용(中庸)의 이상(理想)만이 있었을 뿐이다.

제2부

논어 풀이에 대한 오해와 진실

1. 학이편(學而篇)

○ 배운 것을 '때때로' 익힌다?

學而時習之, 不亦說乎?
학이시습지, 불역열호?

배우고 또 그것을 수시로 익히면 어찌 기쁘지 아니하겠는가?

『논어』에는 우리가 알게 모르게 익히 들어온 명구(名句)가 많다. 그 가운데 가장 널리 알려진 것은 아무래도 첫 구절, 즉 「학이편」 제1장 첫 문장일 것이다. 한데 항간의 기존 번역은, 그 첫 구절부터 뭔가 의아한 마음이 들어 고개를 갸우뚱하게 한다. 이 『논어』 첫 구절은 흔히 너나없이 "배우고 때때로 그것을 익히면 또한 기쁘지 아니한가?"라고 옮긴다. 여기서 문제가 되는 것은 '시(時)'의 뜻풀이로, 이른바 '때때로'가 과연 공자의 본의를 충분히 표현한 말인지 의문이다.

공자는 일생동안 사람들에게 무엇보다 호학(好學), 즉 배우기를 좋아할 것을 강조하였다. 사람이 보다 사람다운, 아름다운 삶을 살기 위해 필수 불가결한 것은 바로 배움이라는 취지로 이해된다. 스승 사후(死後)에 『논어』를 엮은 제자들이 첫

장(章)부터 배움을 논한 말을 배치한 것 또한 필시 그 때문일 것이다. 이 첫 구절에서는 배움의 방법과 그 기쁨을 일깨우고 있다. '학이시습지'의 방법으로 배움에 매진하면, 스스로 알아가는 기쁨에 가슴이 벅찰 것이란 애기다.

공자는 또 「태백편(泰伯篇)」에서는, "배움이란 마치 앞선 것을 따라잡지 못할까 봐 안달하듯이 하고, 또 따라잡은 뒤에는 그것을 잃어버리지나 않을까 두려워하듯이 하는 것이다.〔學如不及, 猶恐失之〕"라고 하였다. 배우는 사람이 가져야 할 이상적인 마음가짐과 자세를 설명한 것이다. 우선은 배움에 대한 끝없는 목마름이 있어야 한다. 그리고 배운 것을 잊어버리지 않게 제때에, 또 수시로 거듭 익히는가 하면, 궁극적으로는 '온고지신(溫故知新)'(87쪽 참조)할 수 있어야 한다.

이 같은 견지에서 볼 때, 배우고 '때때로' 그것을 익힌다는 것은 공자의 본의를 충분히 표현해 냈다고 보기 어렵다. 분명 미흡함이 있다. '때때로'란 경우에 따라서 가끔이란 말이다. 이 '때때로'란 번역은, 추정컨대 조선시대 언해본(諺解本)에서 "學ᄒᆞ고 時로 習ᄒᆞ면" 하고 풀이한 데에서 비롯되었을 개연성이 있다. 하지만 그것은 당시(當時)의 풀이로 통할 수 있을 뿐이다. 따라서 오늘날 그 표현을 그대로 한글화하는 것은 무리가 있다. 맹자가 말하지 않았던가? "책〈원문 '서(書)'는 원래 『서경(書經)』을 두고 한 말이나, '책'으로 일반화해서 이해하는 것도 가(可)

할 것임〉을 무조건 믿는다면, 책이 없는 것만 못하다.〔盡信書, 則不如無書〕"〈『맹자(孟子)』「진심(盡心) 하(下)」〉 아무튼 '때때로'는 배우는 이의 자세로는 결코 바람직하지 않다. 그렇게 해서는 배움의 기쁨을 맛보지 못함은 물론, 같은 배움의 길을 가는 벗과 더불어 즐겁게 절차탁마하지도 못할 것이며, 나아가 배움의 궁극적 지향인 군자다운 인격의 형성은 더더욱 요원할 것이다.

결론적으로 이 첫 구절의 '시'는 '수시로'로 옮기는 것이 적절하다. 또한 차선이지만 '제때에'로 바꿔 옮겨도 괜찮을 것 같다. '수시로'는 곧 그때그때 틈만 나면 늘이라는 말이니, 배우는 이의 자세로 말하자면 '때때로'와는 현저히 다른 차원이다. 모름지기 배우는 이라면 반드시 견지해야 할 모습이다. 한편 '불역(不亦)'은 여기서는 '기불(豈不)', 즉 '어찌 ~하지 아니한가?'의 뜻으로 풀이하는 것이 보다 자연스럽다.

○ 여색(女色)을 좋아하는 마음을 바꾸어 현인(賢人)을 존경한다?

賢賢易色; 事父母, 能竭其力; 事君, 能致其身; 與朋友交, 言而有信. 雖曰未學, 吾必謂之學矣.

현현이색; 사부모, 능갈기력; 사군, 능치기신; 여붕우교, 언이유신. 수왈미학, 오필위지학의.

아내의 현덕(賢德)을 높이 사되 미색(美色)은 대수롭지 않게 여기고, 부모를 모시되 온 힘을 다 할 수 있으며, 임금을 섬기되 온 몸을 다 바칠 수 있고, 벗과 사귀되 그 말에 신의가 있으면, 그가 비록 아직 제대로 배우지 못했다고 하더라도 나는 반드시 그가 이미 다 배운 것이라고 하리라.

이는 공자의 제자 자하(子夏)의 말이다. 여기서 문제가 되는 부분은 '현현이색(賢賢易色)'으로, 흔히 '이(易)'를 '역'으로 읽으며, '여색을 좋아하는 마음을 바꾸어 현인을 존경한다'는 뜻으로 풀이한다.

우선 이 구절에 대한 후세의 풀이는 '이' 자(字)의 해석에 따라 차이를 보이는데, 대략 다음과 같다. 주자(朱子)는 '이'를 '역', 즉 바꿈, 대체함으로 보아 '현인을 존경하면서 여색을 좋아하는 마음을 바꾼다'는 뜻으로 풀이했고, 왕염손(王念孫)은 '이'를 '여(如)', 즉 같음으로 보아 '현덕을 애호하는 마음이 미색을 좋아하는 마음과 같이 지극하다'는 뜻으로 풀이하였다. 반면 안사고(顔師古)는 『한서(漢書)』 주(注)에서 '이'를 '경이(輕易)', 즉 대수롭지 않게 여김, 경시함으로 보아 '현인을 존경하고 미색을 가벼이 여긴다'는 뜻으로 풀이하였다. 또 청대(淸代) 송상봉(宋翔鳳)은 『박학재찰기(樸學齋札記)』에서, 아래 세 구절이 '부모 모시기' · '임금 섬기기' · '친구 사귀기'로, 모두 기본적인 인간관계를 말하는 점을 감안하면, 이 또한 분명 하나의 인간관계를 말하는 것으로 봐야 한다고 하면서, 고대에는 부부 사이의 합리적이고 원만한 관계를 대단히 중시하였음을 아울러 강조하였다.

한편 양보어쥔(楊伯峻)과 왕시위엔(王熙元)은 이상에서 논리적으로는 송상봉의 풀이가 가장 합당하고, '이' 자는 안사고의 풀이가 가장 적절한 것으로 판단하였는데, 설득력이 있는 견해로 따를 만하다. 부연하면 이는 결국 아내에 대한 남편의 가치관의 문제로, '(남편이 아내의) 현덕을 중시하고 미색을 경시한다'는 뜻으로 이해해야 한다는 말이다. 앞의 '현'은 동사로 어질게 여김, 즉 높이 삼이고, 뒤의 '현'은 명사로 현량(賢良)한 품성 · 덕성을 뜻하며, '색'은 여인의 미색을 이른다.

고대인들은 인륜의 문제에 있어 부부의 존재 의의는 지대한 것으로 인식했는데, 『주역』 「서괘전(序卦傳)」에서 이르기를 "만물이 있은 연후에 비로소 남녀가 있게 되었고, 남녀가 있은 연후에 비로소 부부가 있게 되었으며, ……그러한 연후에 예의가 일정한 정도로 시행되기에 이르렀다.〔有萬物然後有男女, 有男女然後有夫婦, ……然後禮義有所錯〕"라고 하고, 『예기(禮記)』 「내칙편(內則篇)」에서도 "예의는 정중한 부부 관계에서 비롯된다.〔禮始於謹夫婦〕"라고 하였듯이, 부부 사이의 원만한 관계가 바로 인륜 도덕의 시원(始原)이요, 발단으로 인식되었다. 또 『중용』에서 "군자의 도는 부부에서 비롯된다.〔君子之道, 造端乎夫婦〕"라고 한 것이나, 『순자』「대략편(大略篇)」에서 "부부의 도는 바르지 않아서는 아니 되나니, 그것은 곧 군신(君臣)·부자지도(父子之道)의 근본이다.〔夫婦之道, 不可不正也, 君臣父子之本也〕"라고 한 것도 모두 사상적 맥락을 같이하는 것이다. 아무튼 여기서 이 같은 '부부 윤리'의 문제를 부자(父子)·군신(君臣)·붕우(朋友)의 윤리 문제에 앞서 거론하는 것은 충분히 논리적 타당성을 갖는 것이다. 하지만 항간의 기존 풀이는 주자의 견해에 근거해 '여색을 좋아하는 마음을 바꾸어 현인을 존경한다'는 뜻으로 옮기고 있으니, 문맥상 심히 생뚱맞다는 비판을 면키 어렵다.

인륜의 핵심인 부부·부자·군신·붕우의 사륜(四倫)에 어긋남이 없다면, 이미 배움의 지극한 경지에 이른 것이나 다름이 없다는 게 자하의 생각이다. 바꿔 말하면 배움의 근본은 곧 윤리 도덕의 실천에 있다는 것이다. 실용적 지식 위주의 배움만이 절대적 의의를 갖는 우리 사회의 가치 기준과는 달라도 너무 다르다. '군자는 근본에 힘쓴다〔君子務本〕'〈「학이」〉고 하지 않았던가? 오늘날 우리는 가치관의 혼돈과 인간성의 상실로 인한 심각한 사회 문제에 직면하면서, 비로소 그동안 근본을 등한시한 것을 뼈저리게 후회하며 인성의 중요성을 새삼 깊이 깨닫고, '인문학'에서 길을 찾아야 한다는 목소리에 관심을 집중하고 있다. 늦은 감이 없지 않으나, 진정 다행이다. 절망의 늪에서 기필코 희망의 새싹을 틔워야 할 것이다.

○ 사람이 중후하지 않으면 그 배움도 견고함을 잃는다?

君子不重則不威, 學則不固.
군자부중즉불위, 학즉불고.

군자가 진중하지 않으면 위엄이 없으나, 열심히 배우면 고루하지 않다.

이는 군자라면 진중한 가운데 위엄을 지키고, 또한 배움을 탄탄히 하여 이상적인 풍모를 갖추어 갈 것을 일깨운, 공자의 말이다. 한데 이 구절을 흔히 주자의 풀이를 좇아 '군자가 중후하지 않으면 위엄이 없고, 배움도 견고하지 않게 된다'는 뜻으로 옮긴다. 뭔가 석연치 않다.

여기서 유의해야 할 것은 '학즉불고(學則不固)'의 풀이로, 관건은 '고(固)'의 의미다. 공안국(孔安國)은 '폐(蔽)', 즉 완고함, 고루함으로 보았고, 주자는 견고함으로 보았다. 필자는 전자가 보다 타당한 견해로 판단된다. 주자는 『논어집주(論語集註)』에서 이 구절을 앞 구절과 인과관계에 있는 것으로 보고 '(군자가 중후하지 않으면 위엄이 없어지고) 그 배운 것도 견고하지 못하게 된다'는 뜻으로 풀이하였다. 하지만 『사서혹문(四書或問)』에서는 또 문세(文勢)에 자연스럽지 못한 면이 있음을 지적하며, 이 구절을 "마땅히 '불학즉고'라고 해야 한다(當曰'不學則固')"고 하였다. 그렇다면 '배우지 않으면 고루해진다'는 뜻이니, 그 스스로 앞 뒤 구절을 인과관계로 본 『집주』의 풀이를 뒤집은 것이다. 사실 앞 뒤 구절이 모두 '~즉(則)~'의 동일한 문형으로 표현된 것을 감안하면, 양자(兩者)가 인과관계에 있다는 풀이는 문법적으로도 설득력을 갖지 못한다.

요컨대 이 '학즉불고'는 앞 구절과는 별개로, 사람들에게 배우기를 힘쓰도록 권고하는 뜻을 담고 있는 것으로 이해해야 한다. 일찍이 하안(何晏)과 형병(邢昺)이 공안국의 견해에 근거해, 군자가 선현(先賢)의 가르침을 열심히 배우면 박학다식해져 고루하지 않게 된다는 뜻으로 풀이한 게 옳은 것이다. 「양화편(陽貨篇)」에서 공자가 말한 '육언육폐(六言六蔽)'가 호학(好學)하지 않음으로써 빚어지는 폐단을 설명한 것이라면, 여기서 말한 '학즉불고'는 곧 호학의 효과를 강조한 것이다.

○ 어떤 사람에게 의지하며 친(親)해지면 그를 지도자로 삼을 수 있다?

信近於義, 言可復也. 恭近於禮, 遠恥辱也. 因不失其親, 亦可宗也.

신근어의, 언가복야. 공근어례, 원치욕야. 인부실기친, 역가종야.

믿음의 언약이 의리에 맞으면 그 말을 이행할 수 있고, 다른 사람을 공경함이 예의에 맞으면 치욕을 당하지 않으며, 사람을 가까이함에 마땅히 가까이할 사람을 잃지 않으면 또한 그를 존경할 만하다.

이는 공자의 제자 유자(有子)의 말로, 사람이 평소 인간관계에서 자칫 신중하지 못해 회한(悔恨)에 빠질 수 있는 부분들을 일깨워 주고 있다. 여기서 문제가 되는 것은 세 번째 구절이다. 그 구절을 항간의 기존 번역은 대개 '의지하여도 그 친함을 잃지 않으면 또한 지도자로 삼을 수 있다'는 뜻으로 옮기고는 있는데, 그 같은 논리가 과연 설득력이 있는 것인지 의문이다. 게다가 기존 번역은 또 왕왕 그 표현이 모호하여 무슨 말인지 이해하기 힘든 경우도 적지 않다.

이 셋째 구절에 대한 후세의 풀이는 대략 세 가지로 나뉜다. 공안국 등은 '인(因)'을 친애함, 가까이함으로, '종(宗)'은 존경함으로 이해하였다. 반면 주자는 '인'을 의지함으로, '종'은 종주(宗主)로 삼음으로 보았고, 정수덕(程樹德) 등은 '인'을 혼인함으로, '종'은 동종(同宗)으로 간주함으로 풀이하였다. 한데 '친애함'에서 '존경함'으로 풀이한 공안국 등의 견해는 '의지함'과 '혼인함'의 의미를 모두 포괄할 수 있을 뿐만 아니라, 장(章)의 취지에 비춰 볼 때 그 의미가 한결 자연스러워 논리적 설득력이 충분하다. 결론적으로 해당 구절은 곧 어떤 사람이 자신이 가까이할 사람을 두루 진실로 가까이한다면, 그의 인격과 덕성을 방증하는 것이니, 분명 존경할 만하다는 뜻을 표현한 것이다.

○ 가난하지만 즐겁게 산다?

子貢曰: "貧而無諂, 富而無驕, 何如?" 子曰: "可也, 未若貧而樂, 富而好禮者也."

자공왈: "빈이무첨, 부이무교, 하여?" 자왈: "가야, 미약빈이락, 부이호례자야."

자공이 말했다. "가난하지만 아첨하지 않고, 부유하지만 교만하지 않으면 어떻습니까?" 공자께서 말씀하셨다. "괜찮다. 그러나 가난하지만 도를 즐기고, 부유하지만 예(禮)를 좋아하는 것만은 못하다."

여기서 풀이에 유의해야 할 부분은 '빈이락(貧而樂)'이다. 기존 번역은 대개 '가난하지만 즐겁게 산다'는 뜻으로 옮기는데,

어찌 보면 무난한 것 같으나, 못내 아쉬움이 인다.

'빈이락'이 『사기(史記)』「중니제자열전(仲尼弟子列傳)」과 황간(皇侃)의 『논어집해의소(論語集解義疏)』에는 모두 '빈이낙도(貧而樂道)'로 되어 있는데, 원래는 분명 그와 같이 아래의 '부이호례(富而好禮)'와 대구(對句)를 이룬 것으로 짐작된다. 후세에 '도(道)' 자(字)가 탈락되었을 개연성이 있단 얘기다. 정현(鄭玄)이 '락(樂)' 자를 "도(道)에 뜻을 두고 가난함을 시름하거나 괴로워하지 않는 것을 말한다.〔謂志於道, 不以貧爲憂苦〕"고 풀이한 것 역시 같은 맥락으로 이해된다. 따라서 이 구절은 '빈이낙도'로 이해하고 번역하여 공자가 생각한 소위 '안빈낙도(安貧樂道)'의 그 차원 높은 경지를 오롯이 그려 내야 한다.

공자가 시종 강조한 호학(好學) 정신의 본질은, 결국 배움이 이미 상당한 경지에 이르렀는데도 결코 안주하지 않고, 더욱 분발하여 끊임없이 정진한다는 것이다. 사람이 가난하면 모자람을 채우기 위해 남에게 아첨하기 쉽고, 부유하면 넉넉함만 믿고 스스로 교만하기 쉽다. 그렇게 볼 때, 자공이 말한 "가난하지만 아첨하지 않고, 부유하지만 교만하지 않"는 것은 분명 훌륭한 인품이다. 하지만 그것은 비록 자신을 곧고 바르게 지키고 있기는 하나, 가난함과 부유함을 망각하거나 초월한 경지는 아니다. 반면 공자가 말한 "가난하지만 도를 즐기고, 부유하지만 예를 좋아하는 것"은 이미 가난함과 부유함을 초월한, 가일층 고상하고 고귀한 경지다. 배우는 사람에게 절차탁마의 부단한 정진이 왜 필요한지를 알 수 있을 것 같다.

2. 위정편(爲政篇)

○ '지천명(知天命)'과 '이순(耳順)'의 참뜻은?

五十而知天命, 六十而耳順.

오십이지천명, 육십이이순.

쉰 살에는 하늘로부터 부여받은 사명을 알았고, 예순 살에는 귀가 순(順)해졌다.

「위정편」 제4장은 공자가 일생의 구학(求學) 역정(歷程)을 자술한 것으로 유명하다. 그 가운데 특히 '지천명'과 '이순'에 대한 항간의 풀이는 논란의 여지가 있다. 이 두 마디를 각각 우리말로 '천명을 알았다', '귀가 순해졌다'로 옮기는 데에는 누구나 별 이견이 없다. 문제는 그 함의 풀이다. 시중의 번역본을 보면 한글 번역만 있고, 함의 풀이는 없는 경우가 많아 아쉬움이 있지만, 함의를 풀이한 경우에도 짧거나 긴(때로는 장황하기까지 한) 나름의 설명에도 불구하고, 핵심을 짚어 내지는 못하고 있는 느낌이다.

먼저 '지천명'에서 '천명'이란 과연 구체적으로 무엇을 말하는 것일까? 막연히 '하늘의 뜻'이니 '하늘의 소리'니 하는 말로는 도무지 감을 잡기가 어렵다. 물론 보다 구체적으로 '예(禮)

를 보존해야 하는 사명감이 아닐까' 하는 혹자의 견해가 있어 눈길을 끄나, 그 또한 '천명'의 궁극적 의의를 적시한 것이라고 볼 수는 없다.

『설문해자(說文解字)』에서 말했다. "천명이란 하늘이 나로 하여금 그렇게 하게 한 것을 말한다.〔天命者, 言天使己如此也〕" 그렇다면 공자가 말한 '천명'은 일단 하늘로부터 부여받은 사명을 이르는 것이라고 할 수 있다. 그리고 그 구체적인 함의는, 공자의 인생 역정과 구학(求學)의 궁극적 지향과 이상에 비춰 볼 때, 분명 '구세(救世)'의 사명을 가리키는 것으로 판단된다. 무릇 공자의 사상은, 정치 사회적 혼란과 불안이 가중된 실로 '천하무도(天下無道)'의 난세를 산 당신께서 '어떻게 하면 정치 사회적 개혁을 이루어 세상 사람들을 불행과 고통에서 구해 낼 수 있을까?' 하는 고민에 빠지면서 싹이 튼 것이다. 이런 견지에서 볼 때, '지천명'은 바로 공자가 하늘의 지상 명령이자 시대적 과제인 '구세'에의 숭고한 사명감을 가슴 깊이 느끼며, 보다 확고하고 보다 구체적인 의지와 열정을 불태운 것을 이르는 것으로 이해된다.

쉰에 '지천명'한 공자는 실제로 쉰한 살에는 비로소 벼슬에 올라 평소의 정치적 이상을 구현하는 데 주력하며, 조국 노나라를 안정과 번영으로 이끌었다. 하지만 그것도 잠시, 얼마 후 현실 정치의 벽에 부딪힌 공자는 애초 벼슬길에 오르며 꿈꿨던 이상 정치의 실현이 요원함을 직감하였다. 이에 공자는 쉰 다섯 살에 조국을 떠나, 온갖 고초를 무릅쓴 14년간의 주유열국(周遊列國)의 장도에 올랐는데, 그것은 바로 어떻게든 평소의 이상을 실현해 궁극적으로 '구세제민(救世濟民)'을 위한 기틀을 마련하고픈 열정으로 내딛은 새 희망의 거보(巨步)였다. 공자 '지천명'의 의의는 이렇듯 위대하고 숭고한 것이거늘, 어찌 감히 축소 왜곡할 수 있겠는가?

한편 우리나라 『논어』 풀이에 지대한 영향을 끼친 주자(朱子)는, '천명'이란 천도(天道)가 널리 운행하며 사물에 부여된 것으로, 만사 만물이 마땅히 그러한 소이(所以)라고 하였다. 곧 '천명'은 하늘이 주재하는 세상 만사 만물의 생성과 발전의 근본 원리와 법칙을 말한다는 것이다. 주자는 또 그것을 알면 앎이 한껏 정밀해져 사리(事理)에 의혹을 갖지 않음은 두말할 필요가 없다고 부연하였다. 그렇다면 주자는 '지천명'을 단지 "마흔 살에는 사리에 의혹을 갖지 않았다〔四十而不惑〕"는 데에서 가일층 발전된 경지로 본 것에 불과하다는 느낌을 지우기 어렵다. 주자의 견해는 많은 사람들이 따르고 있지만, 아무래도 공자의 본의와는 상당한 거리가 있어 보인다.

다음으로 '이순', 즉 귀가 순해졌다는 것은 무엇을 말하는 것일까? 이를 정현은 남의 말을 듣고 그 함의를 이해함으로, 주자는 다른 사람의 말을 들으면 곧 마음으로 통달하여 귀에 거슬리는 바가 없나니 그 앎이 지극해 사색하지 않아도 바로 심득(心得)함으로, 양보어쥔은 남의 말을 들으면 곧 그 진위(眞僞)와 시비(是非)를 변별할 수 있음으로 각각 풀이하였다. 한데 정현이나 주자의 견해는 결국 다른 사람의 말을 듣고 그 뜻을 충분히 이해한다는 것인데, '귀가 순해졌다'는 것이 과연 그처럼 단순히 말귀가 밝다는 의미에 불과할까? 아무래도 선뜻 수긍이 가지는 않는다. 그리고 양보어쥔의 견해는 앞의 둘보다는 다소 의미를 더한 느낌이나, 변별력 운운 정도로는 그 단순함을 완전히 불식시켰다고 보기는 어렵다. 국내 기존 번역서의 풀이들도 이들 견해의 범주를 크게 벗어나지 않고 있으며, 따라서 그 단순함과 모호함은 여전하다.

반면 치엔무(錢穆)는, 이를 자신과 상이하고 상반되는 의견이나 언론, 또는 마음에 맞지 않고 거슬리는 반응이나 자극에 대해, 동요하거나 미혹되지 않으면서 전혀 귀에 거칠거나 거슬리지 않는 경지를 이르는 것으로 풀이하였다. 그와 같이 상이하고 상반되며 거슬리고 맞지 않는 일체의 외부 현상들도, 각기 그 나름의 소이연(所以然), 즉 그리된 까닭이 있음을 알아야 하는데, 일체의 소이연을 통달하고 나면, 자신은 물론 타자(他者)도 알게 되고, 옳은 까닭은 물론 옳지 않은 까닭도 알게 되므로, 귀에 거칠거나 거슬리지 않을 수 있는 것이다. 이는 앞 삼가(三家)의 견해에 비해, 가일층 '귀가 순해졌다'는 말의 함의가 갖는 심도(深度)를 깊이고, 경지(境地)를 높인 풀이로, 성인 공자의 사고(思考)와 의식 수준에 능히 부합할 것으로 짐작된다.

○ '옛것'을 익힌다?

溫故而知新, 可以爲師矣.
온고이지신, 가이위사의.

배운 것을 거듭 익혀서 새로운 것을 깨달아 알면 다른 사람의 스승이 될 수 있다.

이는 '온고지신', 어지간한 사람은 다 아는, 바로 그 말의 출처다. '옛것을 익히고 새로운 것을 안다.' 우리 모두가 알고 있는 '온고지신'의 의미다. 너무나 오랫동안 우리의 머릿속에 각인되어 온 그 뜻이 잘못 풀이된 것이라면 믿기는가? 유감스럽게도 그것은 분명 기존 번역서들이 한 치의 의혹도 없이 전인(前人)의 오류를 답습해온 나머지 고착화된 오류요, 왜곡이다.

'온고이지신(溫故而知新)', 이에 대한 후세의 풀이는 '고(故)'와 '신(新)' 두 글자의 해석에 따라 대략 세 가지로 나뉜다. 먼저 황간(皇侃) · 형병(邢昺) 등은 하안(何晏)의 주해(註解)를 좇아 '이미 배운 것을 복습하여 잊어버리지 않게 하고, 또 평소 알지 못하던 것을 새로 배워서 안다'는 뜻으로 풀이하였다. 그리고 주자는 '이미 배운 것을 수시로 익혀서 새로운 것을 터득한다'는 뜻으로 풀이하였고, 왕충(王充)은 '고'와 '신'을 '고(古)'와 '금(今)'의 뜻으로 보아 '옛것도 알고, 지금 것도 안다'는 뜻으로 풀이하였다.

이 가운데 주자의 풀이가 다른 양자의 의미까지 모두 포괄할 뿐만 아니라, 보다 심층적이고 창의적인 의의를 띠고 있어, 공자의 본의에 가장 가까운 것으로 판단된다. 여기서 '온'은 온습(溫習), 즉 복습함을 말한다. '고'는 주자가 '예전에 들은 것〔舊所聞〕'으로 풀이했듯이, 곧 이미 배운 것을 말한다. 그러므로 '온고'는 곧 「학이편」 첫 구절 '학이시습지(學而時習之)'와 같은 말이다. 아무튼 이 '고' 자(字)를 기존 번역처럼 '옛것'으로 풀이하는 것은, 오로지 옛 문물만을 높여 소중히 여긴다는 폐단이 있어 적절치 않다. 누구보다도 중용의 미덕을 강조한 공자가, 그같이 편향된 안목과 시각을, 사람들을 가르치고 이끄는 스승의 자질로 제시했다고 보기 어렵다. '신'은 주자가 '지금 터득한 것〔今所得〕'이라고 풀이했듯이, 곧 (배우지 않은) 새로운 지식이나 이치를 말한다.

'온고지신'은, 배움의 길을 가는 사람이라면 누구나 마땅히 실천을 해야 할 것이나, 특히 남의 스승이 되고자 하는 사람에게는 더더욱 필수 불가결한 노력이요, 조예이다.

○ '망(罔)', 얻는 게 없다거나 속임을 당한다는 뜻일까?

學而不思則罔, 思而不學則殆.

학이불사즉망, 사이불학즉태.

배우기만 하고 생각하지 않으면 쉬이 배운 지식에 얽매이고, 생각만 하고 배우지 않으면 옳고 그름을 가리지 못해 위태롭다.

여기서 유의할 것은 '망(罔)' 자(字)의 의미다. 이를 포함은 망연히 얻는 바가 없음으로, 황간은 무망(誣罔)·기만당함, 즉 속임을 당함으로 각각 풀이하였으며, 주자는 전자를, 다산은 후자를 각각 따랐다. 국내의 기존 번역은 두 경우를 벗어나지 못하고 있으며, 특히 주자를 좇아 얻는 것이 없다거나 답답하다거나 멍청하다는 뜻으로 옮기는 경우가 주류를 이룬다.

반면 왕시위엔은 이를 구속되다·얽매이다는 뜻으로 풀이하였는데, 그것은 곧 '망'이 그물 망(網) 자(字)와 통하는 데에 착안한 것으로, 실로 참신하면서도 유의미한 견해로 판단된다. '학이불사(學而不思)'의 폐단에 대한 이상의 여러 견해가 다 일맥상통함이 있으나, '얻는 바가 없음'이 일차적이라면 '기만당함'과 '얽매임'은 이차적이다. 다만 '기만당함'은 '얽매임'으로 인해 빚어진 하나의 현상에 불과하므로, 후자가 보다 궁극적인 의미가 있는 것으로 평가되며, 따라서 전통적인 해석과는 분명히 다른 제3의 풀이인, 왕시위엔의 견해가 가장 따를 만하다.

학습이 외부로부터 지식이나 사리를 습득하는 과정이라면, 사색은 내면적으로 그 함의와 진리를 터득하는 과정이다. 요컨대 우리는 학이사지(學而思之), 즉 뭔가를 배우면 그 배운 것에 대해 깊이 사색하는, '생각하는 공부'를 해야 한다.

○ 이단(異端) 사설(邪說)이 웬 말인가?

攻乎異端, 斯害也已.
공호이단, 사해야이.

세상만사를 양극단(兩極端)에 집착하면 좋을 게 없다.

이는 공자의 말인데, 『논어』 전권(全卷)에서 그 의미의 왜곡이 가장 심각한 구절이다. "이단을 공부(혹은 공격)하는 것은 해롭다." 기존 번역은, 그 표현의 차이는 있을지라도, 어느 것 하나 이 같은 의미가 아닌 게 없다. 국내는 물론이거니와 심지어 중국에서조차 크게 다르지 않다. 적어도 필자가 확인한 책들에서는 모두 그러하였다.

이 구절의 풀이에서 관건은 바로 공자가 말한 '이단(異端)'이 과연 후세 사람들이 말하는 이단 사설을 뜻하는가이다. 본론에 들어가기에 앞서, 우선 '공호이단(攻乎異端)'에서 '공'은 전통적으로 전치(專治)함, 전공(專攻)함으로 풀이한 데서 진일보하여 '~에 오로지 힘을 쏟음', 즉 집착함, 고집함의 뜻으로 이해된다. 일설에는 「선진편」의 "너희들은 크게 북을 쳐 그를 공박(攻駁)해도〔小子鳴鼓而攻之〕"와 「안연편」의 "자신의 나쁜 점은 비판하되 다른 사람의 나쁜 점은 비판하지 않는다면〔攻其惡, 無攻人之惡〕"에서와 같이 공격한다는 뜻으로 봐야 한다고 하나, 그것은 '공호(攻乎)'와 '공(攻)'의 문법적 차이를 간과한 견해로 논란의 여지가 있다. '호'는 어(於)와 같다.

이제 문제는 '이단'이다. 상술하였듯이 이는 대대로 거의 모든 이들이 이단 사설을 뜻한다는 데에 공감하며, 어떠한 이론도 제기하지 않았다. 한데 필자가 이에 문제의식을 갖게 된 것은, 바로 샤오민위엔(蕭民元)이 『논어변혹(辨惑)』이라는 그의 작은 책에서 한 한 마디 말로 인해서다. "'이단'은 사물의 상이한 양단(兩端)을 가리키며, '공호이단'은 곧 중도(中道)를 벗어나 양단으로 나아가는 데에 힘쓰는 것을 말한다." 그의 이 말은 그야말로 필자의 의구심과 탐구심을 아울러 자극하고도 남는, 충격적인 것이었다. 왜냐하면 그 어디에서도 찾아볼 수 없던 완전히 새로운 견해인 데다, 직감적으로 분명 의미심장한 주장이라는 생각이 들었기 때문이다. 하지만 그의 말에는 학문적으로 뒷받침할 수 있는, 어떠한 논증도 덧붙여져 있지 않았다. 단지 그 말 한 마디뿐이었다. 외람되지만, 저자 약력에 소개된 바에 따르면, 그는 단지 타이완(臺灣)의 기업가 출신으로, 50대(代)에 이르러 비로소 전통 문화 연구에 몰두한 인물이었다. 하여 단지 그의 말 한 마디만 가지고 기존 풀이를 뒤집을 수는 없는 노릇이었다.

필자는 역대 저명 주석서들을 다시금 하나하나 꼼꼼히 뒤지기 시작하였다. 그리고 길고 힘든 시간이 흐른 끝에, 정수덕(程樹德)의 『논어집석(論語集釋)』에서 마침내 학문적 신뢰를 더할 수 있는 근거를 찾아내었다. 그 순간의 기쁨은 이루 말로 다할 수 없는 것이었다. 그냥 그렇게밖에는 형용할 길이 없지만, 진정 기쁘기 한량없었다. 한데 아래에서 설명이 되겠지만, 사실 정수덕은 또 후한(後漢)의 경학대사(經學大師) 정현(鄭玄)의 견해에서 실마리를 찾은 것이다. 아무튼 샤오민위엔은 바로 그 정수덕의 풀이에 의거한 것으로 보인다.

우선 기존 풀이의 문제가 무엇인지 살펴보자. 공자가 말한 '이단'을, 하안은 선도(善道)가 아닌 것으로, 황간과 형병은 제자백가의 잡서(雜書)로, 주자는 성인(聖人)의 도(道)가 아니면서 별도의 일단(一端)을 형성한 것으로 각각 보는 등 모두가 이단 사설을 지칭하는 것으로 풀이하였다. 특히 주자는 구체적으로 양묵(楊墨), 즉 양주(楊朱)의 위아(爲我)사상과 묵적(墨翟)의 겸애(兼愛)사상 같은 것을 말한다고도 하였다. 그리고 오늘날의 기존 번역 또한 모두 이들 전대(前代) 저명 주석가의 견해를 벗어나지 않고 있음도 두말할 나위가 없다.

하지만 공자 당시에는 불가(佛家)는 말할 것도 없고, 양묵의 학설 역시 아직 일어나지 않았으며, 단지 도가(道家)만 존재할 뿐이었다. 『사기(史記)』에 따르면, 공자는 마흔이 넘어서 노자(老子)를 찾아가 담론하였고, 돌아와서는 제자들에게 "노자는 그야말로 용(龍)과 같더라!" 하며 찬탄을 금치 못하였다. 이처럼 당시에는 유가와 도가의 양대(兩大) 학설이 결코 서로 이단·적대시하지 않았을 뿐만 아니라, 제자백가의 학설이 아직 흥성하지 않았으므로, 공자가 말하는 '이단'을 이단 사설의 의미로 보는 것은 분명 무리가 있다. 한편 다산 정약용(丁若鏞)은 농사나 병법(兵法) 같은 소기(小技)·소도(小道)로, 양보어쥔은 부정확한 의론(議論)으로 각각 '이단'을 풀이하였는데, 그 또한 전대의 풀이와 근본적인 차이가 있다고 보기 어렵다.

그러면 정수덕의 풀이를 보자. 『중용(中庸)』에서 "순임금은 진실로 지혜로운 분이셨도다! ……'양단(兩端)'의 의견을 확실히 파악한 후, 그 중용, 곧 적중(適中)함을 취해 백성들에게 시행하였다.〔舜其大知也與! ……執其兩端, 用其中於民〕"(제6장)라고 하였는데, 정현(鄭玄)의 주(注)에 이르기를, "'양단'은 지나침과 모자람이다. 하지만 그 적중함을 취해 백성들에게 시행하면, 현능(賢能)한 사람이나 그렇지 않은 사람이나 모두 그것을 실행할 수가 있는 것이다.〔兩端, 過與不及. 用其中於民, 賢與不肖皆能行之〕"라고 하였다. 여기서 '잡는다〔執〕'는 것은 재다, 즉 여러모로 따져 보고 헤아린다는 말인데, '양단(즉 두 끝의 의견)을 놓고, 여러모로 따져 보고 헤아려 가면 지나침도 모자람도 없어져서 능히 적중함을 채택 사용할 수가 있다. 다시 말해 '중용과 적중함을 추구하면 의견의 일치를 이루는 반면, 둘로 나뉘면 의견이 서로 달라진다.〔中則一, 兩則異〕' 결론적으로 공자가 말한 '이단'은 곧 『중용』에서 말한 '양단'과 같은 말로 이해된다.

소위 '양단'은 곧 두 끝을 이르는데, 모든 사물의 성향은 양단이 있으니, 굳셈과 부드러움을 예로 들면 굳셈이 한 끝이라면, 부드러움은 또 다른 한 끝이다. 결국 공자가 말한 '이단'은 사물의 상이한 양단, 즉 양극단을 이르는 것으로 이해된다. 무릇 양극단을 아울러 최적의 이상(理想) 상태에 이르는 것이 곧 중용이요, 중도(中道)일 것이다.

이상을 종합해 보건대 '공호이단…' 구절은 결코 흔히 말하는 이단 사설을 겨냥한 말이 아니라, 양극단을 아우르는 '중용'의 이로움과 중요성을 강조한 것으로 풀이된다. 이러한 이해와 풀이는 곧 공자 사상의 본질과 정신에 크게 부합하는 것으로서 논리·사상적 설득력을 갖기에 충분하다. 공자는 극단주의의 폐해가 얼마나 심각한 것인지 누구보다도 잘 알고 있었다. 당시 사회의 유례가 없는 혼란상이야말로 바로 통치자의 극단적 탐욕이 빚어낸 결과물이 아니었던가? 그러므로 공자는 「이인편(里仁篇)」에서 "군자는 천하만사에 있어 반드시 어떻게 해야 된다는 것도 없고, 또 절대로 어떻게 하면 안 된다는 것도 없으며, 오직 알맞고 마땅함에 따를 뿐이다.〔君子之於天下也, 無適也, 無莫也, 義之與比〕"라고 하는 등, 극단적인 아집에 빠지지 말고 오로지 타당성과 합리성을 추구함으로써 '중용'을 실천할 것을 시종 강조하였다. '인(仁)'을 핵심으로 하는 공자의 철학 사상에서 '예(禮)'와 함께 '중용'이 양대(兩大) 중심 개념으로 강조되는 것은 바로 그 때문이다.

3. 팔일편(八佾篇)

○ 참고 봐준다?

孔子謂季氏: "八佾舞於庭, 是可忍也, 孰不可忍也?"

공자위계씨: "팔일무어정, 시가인야, 숙불가인야?

공자께서 계씨에 대해 말씀하셨다. "그는 예순 네 명의 무용단으로 뜰에서 춤추게 하였거니, 그런 일을 감히 할 수 있다면 무슨 일인들 차마 하지 못하겠느냐?"

여기서는 '가인(可忍)'의 함의 풀이에 유의해야 한다. '인'을 황간과 형병은 각각 '용내(容耐)'와 '용인(容忍)', 즉 너그러운 마음으로 참고 봐주다·용서하다는 뜻으로 풀이하였다. 반면 주자는 '인위(忍爲)', 즉 차마(감히) ~하다는 뜻으로 풀이하였다. 항간의 기존 번역은 전자를 따른 경우도 있고, 후자를 따른 경우도 있다. 양자의 옳고 그름을 논하기에 앞서 공자가 이 말을 하게 된 배경에 대해 알고 갈 필요가 있다.

춘추 중엽 이후 노(魯)나라는 중손(仲孫)·숙손(叔孫)·계손(季孫) 등 대부(大夫) '삼가(三家)'가 국가 권력의 실세로 군림하면서 임금을 허수아비로 여기고 온갖 전횡을 일삼았다. 이들은 노 선공(宣公) 9년부터 교대로 집정(執政)하였으며, 그 가운데 계씨(季氏), 즉 계손씨의 세력이 가장 강했고, 집정 기간도 가장 길었다. 이른바 '팔일(八佾)'은 고대 예악(禮樂)의 무도(舞蹈) 행렬을 일컫는 말로, 64인으로 구성된 무용단이다. 주대(周代)의 예법에 따르면, 이는 천자의 예악이었으며, 제후는 육일(六佾) 48인, 대부는 사일(四佾) 32인의 무용단을 쓰도록 되어 있었다. 계손씨는 일개 대부로서 감히 천자의 예악인 '팔일'을 썼으니, 참례(僭禮), 즉 분수를 넘는 무례함이 지나쳐도 한참 지나친 것이었다.

기존 번역 가운데 황간 등의 풀이에 따른 경우는, 대개 '팔일로 춤추게 하는 계씨의 그런 행동을 용인할 수 있다면, 다른 어떤 행동도 용인하지 못하겠는가?' 또는 '팔일로 춤추게 하는 그런 자를 용인할 수 있다면, 다른 어느 누구를 용인하지 못하겠는가?' 하는 뜻으로 옮긴다. 이는 곧 공자가 노나라 임금을 질책하는 것인데, 이치상 무리가 있다. 왜냐하면 첫째, 당시 조정의 권력 구도상 노나라 임금이 집정 권신(權臣) 계씨를 통제한다는 것은 비현실적인 이야기요, 근본적으로 불가능한 일이었기 때문이다. 둘째, 공자의 위인(爲人)이나 사상에 비춰 볼 때, 공자가 직접 임금을 질타할 의도로 이 같은 발언을 한다는 것은 가능성이 희박한 일이기 때문이다.

이런 일이 있었다. 진나라 사패(司敗, 사법부 장관)가 일찍이 예(禮)에 어긋나는 행위를 한 노나라 소공(昭公)을 두고 "소공이 예를 아셨습니까?" 하고 여쭙자, 공자께서 "예를 아셨습니다." 하고 대답하였다. 그 후 진나라 사패는 공자의 제자 무마기(巫馬期)에게 "군자도 허물이 있는 사람을 두둔하는가?" "소공 같은 임금이 예를 안다면 누가 예를 모르겠소?" 하고 불만을 토로하였다. 무마기에게 그 말을 전해 듣고, 공자께서 말씀하셨다. "나는 참으로 행복하다. 나에게 과오가 있으면 다른 사람이 반드시 그것을 일깨워주는구나.〔丘也幸. 苟有過, 人必知之〕"〈「술이」〉 공자는 소공의 처사가 그릇된 것임을 익히 알고 있었으나, 결코 대놓고 임금을 비판하지 않았다. 하지만 그러면서도 다른 사람의 지적을 흔쾌히 받아들임으로써 시비를 왜곡하지 않으면서도 신하의 도리를 다하는 슬기로움을 보여준 것이다.

결국 주자의 풀이가 논리·사상적으로 훨씬 더 적절하고 타당한 것으로 판단된다. 그것은 "그런 일을 감히 할 수 있다면 무슨 일인들 차마 하지 못하겠느냐?"는 데에서 여실히 드러나고 있듯이, 공자가 계손씨를 직접 겨냥해 질책하며, 격분의 감정을 감추지 못하고 있다는 의미로 풀이한 것이다. 사실 『논어』를 통해 볼 때, 공자가 노나라 '삼가'의 참례 행위에 대해 분개하고 통탄한 것은 이뿐이 아니다. '삼가'는 종묘 제사에서 행하는 천자의 예악을 감히 그들의 조상 제사에서 행하였고, 급기야는 또 태산(泰山)에서 천지에 제사를 지냄으로써 천자와 제후의 예를 참절(僭竊)하려 들었다. 나라의 기강을 흔드는 이 같은 참례 행위에 대해, 공자는 결코 보고만 있지 않았던 것이다.

○ 오랑캐 나라는 어떻게 해도 중원(中原) 제국(諸國)만 못하다?

夷狄之有君, 不如諸夏之亡也.

이적지유군, 불여제하지망야.

변방의 여러 나라에도 오히려 임금다운 임금이 있나니, 중원의 여러 나라에 임금다운 임금이 없는 것과는 다르구나.

여기서 문제가 되는 것은 '불여(不如)'의 의미다. 황간과 형병, 유보남(劉寶楠) 등은 ~만 못하다는 뜻으로, 정자(程子)와 주자는 ~와 같지 않다(즉 다르다)는 뜻으로 풀이하였다. 사실 한문 문장에서 '불여'는 ~만 못하다는 뜻으로 쓰인 경우가 절대 다수이며, 따라서 황간처럼 이해하는 것이 일반적이다. 물론 항간의 기존 번역도 다수가 그같이 이해해 이 구절을 "오랑캐 나라에 임금이 있다 해도 중원 여러 나라에 임금이 없는 것만 못하다."라고 옮기고 있다. 하지만 결론부터 말하면, 그것은 오류요 왜곡이다. 반면 정자 등의 견해가 오히려 공자의 본의를 여실히 풀어 낸 것으로 판단된다. 기존 번역 가운데도 극히 일부는 정자 등의 견해를 따르고 있다. 이제 그 시비를 따져 보자.

'이적(夷狄)'은 고대 중국의 주변 이민족에 대한 통칭으로, 동이(東夷)·남만(南蠻)·서융(西戎)·북적(北狄)의 일컬음이 있다. 여기서는 중원 주변의 여러 나라를 두루 가리킨다. '군(君)'은, 당시 중원 각국에서 무례한 권세가들이 임금을 허수아비로 만들며 전횡을 일삼았음을 감안할 때, 임금으로서 실질적인 권한을 행사하는 '임금다운 임금'으로 이해된다. '제하(諸夏)'는 옛날 화하족(華夏族), 즉 한족(漢族)이 중원에 세운 여러 나라를 통칭한다.

황간 등은 이 구절을 풀이하며, 오랑캐의 유군무례(有君無禮, 임금은 있으나 예가 없음)가 중원의 유례무군(有禮無君, 예는 있으나 임금이 없음)만 못하다고 부연하였다. 오랑캐는 예를 모르니, 어떻게 해도 예를 아는 중국에는 미칠 수가 없다는 얘기다. 한데 당시 중원 각국의 상황에 비춰 볼 때, 공자가 임금다운 임금도 없는 '제하'를 예의지국(禮儀之國)으로 간주해 임금다운 임금은 있으나 예의를 모르는 '이적'보다 낫다고 말했다는 것은 전혀 설득력이 없다. 다산 정약용이 황간 등에 반대해 "일찍이 공자께서 구이(九夷)에 가서 살고자 하였으니(『논어』「자한편」 참조), 결코 이적을 천시한 것이 아니며, 하물며 그들의 죄가 분명치 않은데 까닭 없이 배척하여 '너희가 군왕이 있어도 우리가 군왕이 없는 것만 못하다'고 하였다면, 그 어찌 의미 있는 말이겠는가?〔孔子欲居九夷, 夷狄非其所賤, 況罪累不明而無故斥之, 曰汝之有君, 不如我之亡君, 豈有味之言乎〕"〈『논어고금주(論語古今註)』〉라고 한 것도 같은 맥락으로 이해된다.

반면 정자는 "오랑캐 나라에도 오히려 군주가 있나니, 중원 여러 나라는 온통 참란(僭亂, 분수를 넘는 무례한 작태로 질서를 어지럽힘)하여 오히려 상하의 구분이 없는 것과는 다르다.〔夷狄且有君長, 不如諸夏之僭亂, 反無上下之分也〕"라고 하며, 공자의 마음을 제대로 헤아렸다. 이처럼 여기서 공자는 당시 임금을 능멸하는 권신(權臣)들의 행태에 깊은 우려와 분개를 느끼며, '이적'에서도 임금을 예우함을 들어 전통적 예의가 땅에 떨어진 '제하'의 난세 상황을 개탄한 것이다. 일찍이 공자가 "임금을 섬김에 예를 다하는 것을, 사람들은 오히려 아첨한다고 여기는구나.〔事君盡禮, 人以爲諂也〕"〈「팔일」〉 하며 탄식한 것도, 임금에 대한 무례가 결코 아무렇지도 않은, 흔하디흔한 일이 되어버린 당시의 세태를 크게 우려한 것이다.

○ 공자가 재아(宰我)를 완곡하게 나무랐을 뿐이다?

哀公問社於宰我. 宰我對曰: "夏后氏以松, 殷人以柏, 周人以栗, 曰使民戰栗." 子聞之, 曰: "成事不說, 遂事不諫, 旣往不咎."

애공문사어재아. 재아대왈: "하후씨이송, 은인이백, 주인이률, 왈사민전률." 자문지, 왈: "성사불설, 수사불간, 기왕불구."

애공이 재아에게 토지신의 신주를 무슨 나무로 하는지를 묻자, 재아가 대답하였다. "하 왕조는 소나무로 하였고, 은 왕조는 측백나무로 하였습니다. 반면 주 왕조는 밤나무로 했는데, 그것은 백성들을 두려움에 떨게 하기 위한 것입니다." 공자께서 그 말을 들으시고 말씀하셨다. "이미 행(行)한 일이라 다시 왈가왈부하지 않고, 이미 끝난 일이라 다시 바로 잡지 않으며, 이미 지난 일이라 다시 추궁하지 않는다."

이 구절에서 논란이 되는 것은 원문 번역이 아니라, 공자가 제자 재아를 나무란 진의(眞意)가 무엇인가 하는 것이다. 여기서 재아는 밤 율(栗) 자(字)에 전율(戰慄)의 뜻이 있는 데에 착안해, 주(周) 왕조가 밤나무로 신주를 한 까닭을 백성들을 두려움에 떨게 하기 위한 것이라고 설명하였다. 이에 대해 황간은 노나라 애공이 덕망을 잃어 백성들이 두려운 마음으로 복종하거나 공경하지 않기 때문에, 애공이 분발해 군왕의 위엄을 되찾도록 독려하기 위해 재아가 일부러 그같이 말했다고 하였다. 그리고 주자는 아마도 옛날 토지신 사당에서 죄인을 죽였기 때문에 재아가 그같이 견강부회하였으며, 그것은 결국 애공에게 살육의 마음을 갖게 하였다고 하였다. 대략 이와 같이 재아가 신주에 관해 잘 알지 못하면서 망령되이 그 취지를 왜곡함으로써 임금을 불인(不仁)의 길로 이끌었으므로, 공자가 그 잘못을 완곡하게 질책했다는 것이 후세의 일반적인 견해다. 국내 번역서의 풀이 또한 이 범주를 벗어나지 않고 있음은 두말할 나위 없다.

그런데 여기서 공자의 본의가 과연 그뿐일까? 공자 정치사상의 핵심은 인정 덕치를 통한 구세의 실현이다. 바로 그 같은 이상의 실현을 위해 평생을 헌신한 공자가, 백성을 두려움에 떨게 하도록 임금을 패도(霸道)로 몰아가는 제자의 '크나큰' 잘못을 이처럼 관용할 수 있을까? 쉽게 이해가 가지 않는다. 이에 대해서는 샤오민위엔(蕭民元)의 설명이 우리의 이해를 돕고, 또 우리를 수긍하게 한다.

우선 하(夏) · 은(殷) 왕조가 각각 소나무 · 잣나무로 신주를 한 것은 송백(松柏)이 사철 내내 푸른 뜻을 취해 길이길이 국운이 융성하기를 바라는 뜻을 담은 것으로 이해된다. 하지만 주(周) 무왕(武王)은 굳이 밤나무를 신주의 재료로 선택하였는데, 그 점이 공자도 불만이었던 것으로 보인다. 그 때문인지 공자는 주 문왕(文王)과 주공(周公)에 대해서는 일관되게 칭송의 기조를 유지한 반면, 무왕에 대해서는 완곡하기는 하지만 결코 폄하하는 뜻을 숨기지 않았다. 예를 들면 "공자께서 순임금의 소(韶) 음악을 평하시기를 '선율이 한없이 아름답고, 의미 또한 더할 나위 없이 훌륭하다.'고 하시고, 주 무왕의 무(武) 음악을 평하시기를 '선율은 한없이 아름다우나, 의미가 아주 훌륭하지는 않다.'고 하셨다.〔子謂韶: '盡美矣, 又盡善也.' 謂武: '盡美矣, 未盡善也.'〕"〈「팔일」〉 순임금은 그 성덕(聖德)에 힘입어 요임금으로부터 제위를 물려받았고, 또 태평성대를 이룩하였다. 반면 주 무왕은 무력으로 폭군 주왕(紂王)을 정벌함으로써 제위에 올랐으나, 미처 천하를 태평으로 이끌지 못한 채 세상을 떠나고 말았다. 결국 공자는 순임금과 주 무왕 당시 각각의 국가와 민족정신을 대표한 소·무 음악에 대한 논평을 통해, 예치(禮治)와 덕치를 숭상하는 당신의 정치적 소신을 피력한 것으로 보인다.

그뿐이 아니다. 공자는 주 무왕과 반대 입장에 섰던 백이·숙제에 대해서는 오히려 사뭇 긍정적으로 평가하였다. 예를 들면 공자는 「술이편」에서 백이와 숙제가 무왕의 예(禮)에 어긋나는 정벌을 간(諫)하며 인(仁)을 행하다 굶어 죽었으나 끝내 회한(悔恨)하지 않은 점을 높이 사 그들을 '고대의 현인〔古之賢人〕'으로 존숭하였다. 또 「공야장편」에서는 "백이와 숙제는 상대방이 잘못을 뉘우치면 지난날의 원한을 마음에 두지 않았으며, 그래서 남에게 원망을 사는 일이 적었다.〔伯夷叔齊不念舊惡, 怨是用希〕"라고 하며, 그들의 인품을 찬미하였다.

이상을 종합해 볼 때, 재아의 설명이 결코 엉뚱하지만은 않다는 것을 알 수 있다. 요컨대 같은 의미의 말을 서로 다른 표현으로 세 번씩이나 반복한 공자의 '완곡한' 나무람에는, 제자를 교도(敎導)하려는 표면적인 의미와 함께, 그 심중의 깊은 뜻(주 무왕에 대한 불만)이 함축되어 있음을 아울러 헤아려야 할 것이다.

4. 이인편(里仁篇)

○ 빈천(貧賤)함은 부당하게 그렇게 되었더라도 벗어나려 해서는 안 된다?

富與貴, 是人之所欲也, 不以其道得之, 不處也; 貧與賤, 是人之所惡也, 不以其道得之, 不去也. 君子去仁, 惡乎成名?

부여귀, 시인지소욕야, 불이기도득지, 불처야; 빈여천, 시인지소오야, 불이기도득지, 불거야. 군자거인, 오호성명?

부귀함은 모든 사람이 다 바라는 것이나, 정당한 방법으로 얻지 않으면 군자는 그것을 누리지 않는다. 또 빈천함은 모든 사람이 다 싫어하는 것이나, 정당한 방법으로 벗어나지 못하면 군자는 그것을 벗어나지 않는다. 군자가 인(仁)을 떠나서 어떻게 그 이름을 이룰 수 있겠는가?

여기서는 '빈여천, 시인지소오야, 불이기도득지, 불거야.(貧與賤, 是人之所惡也, 不以其道得之, 不去也)'가 도대체 무슨 말인지 고개를 갸우뚱하게 한다. 이를 대개 "빈천함은 사람들이 싫어하는 것이지만, 부당하게 그렇게 되었더라도(또는 되었다면) 벗어나려 해서는 안 된다."는 뜻으로 옮기고 있다. 한데 그 같은 기존 번역은 원문을 충실히 우리말로 옮긴 것이기는 하나, 그 말이 전혀 사리에 맞지 않는다는 게 문제다.

무릇 빈천함이란 결코 사람이 그렇게 되고자 하는 것이 아니요, 어떻게든 벗어나고자 하는 것이다. 위에 제시한 글은 공자가 군자를 두고 하는 말이다. 따라서 문제의 구절 원문에는 없는 '군자'란 지칭어를 넣어서 이해할 필요가 있다. 아무튼 아무리 군자이지만, 기존 번역에서 이르기를 비행(非行)으로 빈천하게 되었다면 절대로 벗어나려 해서는 아니 되며, 언제까지나 그렇게만 살아야 한다고 한 논리는 도무지 수긍할 수 없는 것이다. 공자가 과연 개과천선하여 정당한 방법으로 빈천함에서 벗어나는 것까지 막는 그런 말을 했을까? 이처럼 이 구절은 본디 논리적 모순을 안고 있으며, 그 때문에 후세에 실로 다양한 풀이들을 낳았다.

후세의 갖가지 풀이들은 각기 이 구절의 근원적 모순을 해소하기 위한 기발한 견해들이나, 아쉽게도 저마다 크고 작은 문제점을 내포하고 있어 선뜻 공감하기는 어렵다. 다만 한 가지 우리의 주목을 끄는 견해가 있으니, 바로 한대(漢代) 왕충(王充)이 『논형(論衡)』「문공편(問孔篇)」에서 제기한, 이 구절의 '득(得)'은 본시 '거(去)'라고 해야지 '득'이라고 해서는 안 된다는 주장이다. 다른 이들이 모두 원문을 그대로 둔 채 모순 해소의 방안을 강구한 것과는 달리, 왕충은 원문 자체의 오류일 수 있다는 생각을 하면서 실마리를 찾은 것이 돋보인다. 왕충의 주장은 확실히 논리적으로 자연스럽고, 사상적으로 유의미(有意味)하다. 우리가 분명히 알아야 할 것은 여기서 공자는 사람이 빈천하게 된 경위가 아니라, 빈천함에서 벗어나는 방법을 논하고 있다는 것이다. "빈천함은 모든 사람이 다 싫어하는 것이나, 정당한 방법으로 벗어나지 못하면 군자는 그것을 벗어나지 않는다." 이것이 바로 공자가 일깨우고자 한 말이다.

물론 오랜 세월 굳어져 온 경전 문구에 대해 확증도 없이 섣불리 판단하기는 어려우나, 옛 사람들이 전사(傳寫)하는 과정에 앞의 '불이기도득지, 불처야'의 '득' 자(字)의 영향을 받아 잘못 필사했을 개연성이 충분함을 감안할 때, 이보다 나은 풀이가 부재한 현실에서 이는 분명 우리가 할 수 있는 최선의 풀이일 것이다.

○ 인(仁)함을 좋아하는 사람은 더할 나위가 없다?

好仁者, 無以尚之; 惡不仁者, 其爲仁矣, 不使不仁者加乎其身.

호인자, 무이상지; 오불인자, 기위인의, 불사불인자가호기신.

인함을 좋아하는 사람은 세상에 어떤 것도 인함을 능가하는 것이 없다고 생각하고, 인하지 않음을 싫어하는 사람은 그가 인을 행함에 있어 인하지 않은 것이 자신에게 가(加)해지지 않도록 한다.

여기서 가장 문제가 되는 것은 '호인자, 무이상지'의 의미다. 본론에 들어가기 전에 먼저 '호인자'와 '오불인자'에 대해 한번 생각해 보자. 황간은 '호인자'는 타인이 인을 행하는 것을 보고 그것을 좋아하는 사람이고, '오불인자'는 스스로 인을 행하지는 못하나 타인의 인하지 않은 것을 보고 그것을 증오하는 사람이라고 하였다. 하지만 다산은 이에 대해 "아니다. 이 장은 전체적으로 '자아 수양'에 대한 경계의 뜻을 표현하였다. 타인의 인함을 좋아하고, 타인의 불인함을 싫어하는 것이 어찌 자아 수양의 조예이겠는가? '기위인의' 넉 자를 보면 그것이 자아 수양임이 분명하다.〔非也. 通章皆自修之戒. 好他人之仁・惡他人之不仁, 豈自修之功乎? 觀於其爲仁矣四字, 其爲自修明矣〕"〈『논어고금주』〉라고 하였다. 공자가 이르기를, "인을 행하는 것은 순전히 자기 자신에게 달렸다.〔爲仁由己〕"〈「안연」〉라고 하였는데, 그러한 관점에 비춰볼 때 인함을 좋아하고 불인함을 싫어함을 모두 자아 수양에 중점을 두고 이해하는 것이 옳아 보인다.

문제의 구절을, 기존 번역은 "인함을 좋아하는 사람은 더할 나위가 없다." "인을 좋아하는 사람은 그보다 더할 수 없다."

"인을 좋아하는 것이야 덧붙일 것이 없다." 등등 자못 다양하게 옮기고 있는데, 그 의미를 명확히 이해하기가 어렵다. 이 구절에서 '상(尙)'은 상(上)과 통하여 능가하다, 뛰어넘다는 뜻이고, '지(之)'는 '호인(好仁)'의 '인'을 가리킨다. 따라서 '무이상지'는 곧 그것(즉 '인')을 능가하는 것이 없다는 뜻이면서, 동시에 그렇게 생각한다는 말이다. 결국 공자가 하고픈 말은 "인함을 좋아하는 사람은 세상에 어떤 것도 인함을 능가하는 것이 없다고 생각한다."는 것이다. 한편 일설에는 '지'를 '호인자', 즉 인함을 좋아하는 사람을 가리키는 것으로 보고, '무이상지'를 어느 누구도 호인자를 능가하는 사람이 없다는 뜻으로 풀이하기도 하나, '자아 수양'의 관점에 비춰볼 때 적절치 않다.

○ 부모가 내 말을 따르지 않을 뜻을 보인다? 자식이 힘들더라도?

事父母幾諫, 見志不從, 又敬不違, 勞而不怨.

사부모기간, 현지부종, 우경불위, 노이불원.

부모를 섬기면서 부모의 허물은 완곡하게 간(諫)해야 하나니, 간하는 뜻을 표하였으나 부모가 따르지 않더라도, 여전히 공경하고 거역하지 아니하며, 근심할지언정 원망하지 않아야 한다.

이 말의 풀이에서는 '현지부종(見志不從)'과 '노(勞)'의 의미에 유의해야 한다. 전자의 기존 번역은 대개 '부모가 내 말을 따르지 않을 뜻을 보이더라도' 또는 '부모의 뜻이 내 말을 따르지 않음을 보더라도' 정도의 뜻으로 옮기고 있다. 이는 사실 포함(包咸)이 "부모의 뜻에 자신의 간언(諫言)을 따르지 않는 기색이 보이더라도" 하고 풀이한 것을 따른 것이다. 이에 대해 치엔무는 만약 그런 뜻이라면 단지 '부종(不從)' 두 자(字)면 족하다고 하면서, "자신이 간하는 뜻을 표하였으나 부모가 따르지 않더라도"로 풀이하였다. 포함의 풀이는 표현상의 간결함이나 의미상의 자연스러움이 떨어지는 반면, 치엔무의 지적과 풀이는 일리가 있어 따를 만하다. 한편 다산은 '자신이 부모의 명(命)을 따르지 않겠다는 뜻을 드러내 보인다'는 뜻으로 풀이하였는데, 부모의 과오가 반드시 자식을 대상으로 하는 것만은 아닌 점을 감안할 때, 의미상 면밀하지 못함이 있다. 여기서 '현(見)'은 현(現)과 같은, 표현하다는 뜻이다.

그리고 후자, 즉 '노'는 대개 '힘들더라도' 또는 '수고롭더라도'의 뜻으로 옮긴다. 하지만 공자가 생각하는 진정한 효자라면, 자신의 거듭된 간언이 받아들여지지 않음을 힘들어하고 괴로워하기보다는, 부모의 과오가 쉽게 고쳐지지 않는 데 대해 사뭇 걱정하며 가슴 아파하지 않을까? 따라서 '노'는 노심

(勞心)한다는 말로, 여기서는 근심, 걱정하며 애태운다는 뜻으로 이해함이 보다 적절하다.

5. 공야장편(公冶長篇)

○ 사리(事理)를 헤아리지 못한다?

子曰: "道不行, 乘桴浮於海. 從我者, 其由與?" 子路聞之喜. 子曰: "由也好勇過我, 無所取材!"

자왈: "도불행, 승부부어해. 종아자, 기유여?" 자로문지희. 자왈: "유야호용과아, 무소취재!"

공자께서 말씀하셨다. "세상에 바른 도가 행해지지 않으니, 뗏목을 타고 바다나 떠다닐까 보다. 그러면 나를 따를 사람은 아마도 유(由)뿐이겠지?" 자로가 그 말을 듣고 기뻐하거늘, 공자께서 말씀하셨다. "유는 용맹을 좋아하는 것이 나를 능가하지만, 그다지 취할 것은 못 되도다!"

여기서는 '무소취재(無所取材)'의 의미를 숙고할 필요가 있다. 역대 풀이를 보면, 정현(鄭玄)은 '재'를 뗏목의 재목으로 보아 '뗏목의 목재를 구할 수가 없다'는 뜻으로, 하안의 『집해』에 인용된 일설에는 '재'를 감탄의 어기조사 재(哉)와 같이 보아 '(자로의 지나친 용기를) 다시 취할 바가 못된다'는 뜻으로 풀이하였다. 또 정자(程子)와 다산은 '재'를 재(裁) 내지 재도(裁度)와 통하는 것으로 보아 '사리를 헤아려 마땅하게 하지 못한다'는 뜻으로 풀이하였다. 그리고 왕시위엔은 '재'를 재질(材質)

로 보아 '용기가 넘치는 자로의 재질은 취할 바가 못된다'는 뜻으로 풀이하였다. 이상에서 정현의 풀이는 논리가 다소 빈약하고, 정자와 다산의 풀이는 '취(取)' 자(字)의 의미 연결이 자연스럽지 못하며, 왕시위엔의 풀이는 의미가 중복되는 아쉬움이 있다. 결국 탄식의 어조로 은근하면서도 강한 풍자의 의미를 담은 『집해』의 풀이가 가장 따를 만하다. 항간의 기존 번역은 주로 정자를 따랐지만, 간혹 정현을 따른 경우도 있다.

공자가 '뗏목을 타고 바다나 떠다닐까 보다'고 한 것은 실제로 그렇게 하겠다는 의지의 표현이라기보다는, 어두운 현실에 대한 안타까운 탄식으로 보는 것이 마땅하다. 성인 공자도 당신께서 꿈꾸는 이상 사회가 도무지 실현될 기미를 보이지 않는 현실 앞에선, 그저 하릴없는 탄식으로 아쉬움을 달랠 뿐이다. 작은 뗏목을 타고 망망대해로 나간다는 것이 얼마나 위험천만한 일인가? 공자는, 평소 용맹을 떨치기를 무척이나 좋아했던 자로만은, 그 위험을 무릅쓰고 당신을 따를 것이라 하였다. 한데 자로는 마냥 기뻐하기만 할 뿐, 탄식에 겨운 스승의 고뇌를 이해하고, 성심으로 위로하며 만류할 줄은 몰랐다. "용기를 좋아하되 배우기를 좋아하지 않으면, 그 폐단은 혼란한 사태를 야기하는 것이다.〔好勇不好學, 其蔽也亂〕"〈「양화(陽貨)」〉 하지만 자로도, '취할 바가 못된다'는 스승의 일침에는 스스로를 돌이켜 보았으리라.

○ 나는 네가 안회(顔回)만 못하다는 데 동의한다?

子謂子貢曰: "女與回也孰愈?" 對曰: "賜也何敢望回? 回也聞一以知十, 賜也聞一以知二." 子曰: "弗如也. 吾與女弗如也."

자위자공왈: "여여회야숙유?" 대왈: "사야하감망회? 회야문일이지십, 사야문일이지이." 자왈: "불여야. 오여여불여야."

공자께서 자공에게 말씀하셨다. "너와 회(回)를 비교하면 누가 더 나으냐?" 자공이 대답했다. "제가 어찌 감히 안회(顔回)와 견주겠습니까? 안회는 하나를 들으면 열을 알지만, 저는 하나를 들으면 둘을 알 뿐입니다." 공자께서 말씀하셨다. "그래, 네가 회만 못하다. 아니, 너와 내가 모두 회만 못하도다."

여기서는 '오여여불여야(吾與女弗如也)'의 풀이에 우리의 주의가 요구된다. 관건은 '여(與)' 자(字)다. 하안은 포함의 말을 빌려 '~와(과)'의 뜻으로 풀이하였고, 형병, 왕충, 정수덕 등도 모두 이를 따랐다. 반면 황간이 『의소(義疏)』에서 인용한 진도빈(秦道賓)과 주자는 허여(許與)하다, 찬동하다는 뜻으로 풀이하였다. 전자에 의하면 이 구절은 '너와 내가 모두 회만 못하다'는 말이고, 후자에 의하면 '나는 네가 안회만 못하다는 데 동의한다'는 말이다. 항간의 번역은 두 경우가 다 있다.

아무튼 두 설(說)을 비교컨대 전자, 즉 포함의 견해가 따를 만하다. 자공은 진실로 현명함과 겸허함을 겸비하고 있다. 한데 공자가 후자처럼 그렇게 냉정히, 자공이 안회보다 못함을 안다고 칭찬한다거나 그 사실에 동의한다는 것은, 공자의 성품에 비춰 볼 때 쉽게 납득이 가지 않는다. 오히려 공자가 자공이 스스로를 아는 현명함도 있고, 자신을 낮추는 겸허함도 있음을 보고, 기꺼운 마음에 스승의 존엄도 버리고 "아니, 너와 내가 모두 회만 못하도다."는 말로써 자공을 위로하고 격려하면서, 또한 동시에 안회를 높이는 말을 한 것으로 보는 게 옳다.

○ 인간의 본성과 천도(天道)에 대해서는 전혀 들을 수가 없었다?

子貢曰: "夫子之文章, 可得而聞也; 夫子之言性與天道, 不可得而聞也!"

자공왈: "부자지문장, 가득이문야; 부자지언성여천도, 불가득이문야!"

자공이 말했다. "지금껏 선생님께서 옛 경전에 관해 말씀하시는 것은 들을 수 있었으나, 인간의 본성과 천도에 관해 말씀하시는 것은 들을 수가 없었도다!"

여기서 문제가 되는 것은 '불가득이문야(不可得而聞也)'로, 그 함의가 무엇이며, 또한 그래서 한글 번역문에서 어떤 어감을 살려 내야 하는지 유의할 필요가 있다. 우선 '문장(文章)'은 황간과 형병 등에 따르면 유가의 경전을 가리키고, '성(性)'은 성명(性命) 내지 인간의 본성·천성을 말한다. '천도(天道)'는 천체 운행과 자연 변화의 법칙을 이르는데, 고대인들이 말하는 '천도'의 근저에는 인간사회의 길흉화복을 주재한다는 관념이 깔려 있다.

문제의 '불가득이문야'에 대해서는 역대로 두 가지 풀이가 있다. 먼저 『후한서(後漢書)』「환담전(桓譚傳)」에서는 "천도와 성명에 관한 문제는 성인께서 좀처럼 말씀하지 않은 것이어서, 자공부터는 들을 수가 없었다.〔天道性命, 聖人所難言, 自子貢以下, 不得而聞〕"라고 하여, 전혀 들을 기회가 없었다는 뜻으로 풀이하였다. 반면 주자는 "성과 천도에 관해서는 선생님께서 아주 드물게 말씀하시어, 학생들 가운데는 듣지 못한 사람이 (많이) 있었다. 이는 대개 성인의 문하에서는 가르침이 일정한 등급을 뛰어넘지 않는 까닭인바, 자공이 이제야 비로소 그것을 듣고 그 훌륭함에 감탄한 것이다.〔至於性與天道, 則夫子罕言之, 而學者有不得聞者, 蓋聖門教不躐等, 子貢至是始得聞之, 而歎其美也〕"라고 하여, 과거에는 듣지 못한 것을 이제 처음으로 듣고 감탄했다는 뜻으로 풀이하였다.

『후한서』의 견해는 고대의 유가 경전에서 중점적으로 논한 윤리 도덕의 문제가 성이나 천도와는 별개라는 관점에 입각하고 있다. 하지만 이중부(李中孚)의 『사서반신록(四書反身錄)』에서 "문장(옛 경전)과 성 · 천도는 본디 하나요, 둘이 아니다. 문장은 성과 천도를 밝히는 것이요, 성과 천도는 문장을 빛나게 하는 것이다.〔文章性道, 本一非二. 文章所以闡性道, 性道所以煥文章〕"라고 했듯이, 양자는 기본적으로 상통하며, 후자가 본질적이라면 전자는 실제적인 문제라고 할 수 있다. 결국 『후한서』의 견해는 그 입각점에 모순을 안고 있고, 실용주의자였던 공자의 평소 언론이 실용성에 치중하기는 했지만, '아주 드물게'나마 본질적인 문제를 언급했을 것이라는 견지에서 주자의 견해가 따를 만하다. 한편 항간의 기존 풀이는 대개 『후한서』를 따라 "~들을 수 없었다."로 옮기고, 또 그와 같은 의미로 부연하고 있다. 하지만 필자는 주자의 견해를 취해 "지금껏 ~ 들을 수가 없었도다!"로 옮김으로써 찬탄의 어감을 살리고자 하였다.

공자의 학문과 언론은 주로 고대 경전에서 밝히고 있는 윤리 도덕의 문제에 치중하였다. 그 때문에 자공은 평소 공자가 사람의 본성이나 천도와 같은 형이상학적인 철리(哲理)를 논하는 것을 거의 듣지 못하였을 것이다. 하지만 '성'과 '천도'는 '문장'의 근본으로서 양자는 상호 밀접한 관계에 있다. 또한 공자는 만년에 『주역』에 심취하여 위편삼절(韋編三絶)할 정도였는데, '성'과 '천도'는 바로 역리(易理)의 근간이다. 그렇다면 '성'과 '천도'의 문제가 공자가 치중한 실용적인 논설의 이론적 근거일 개연성은 충분하다. 다시 말해서 장학성(章學誠)이 『문사통의(文史通義)』에서 말한 대로, "공자께서 말씀하신 것은 '성'과 '천도'가 아닌 것이 없으며, 단지 '이것이 성이다', '이것이 천도다'라고 분명하게 말하지 않았을 뿐이다. 그러므로 여기서 '인성과 천도를 듣지 못했다'고 하지 않고 '인성과 천도에 관해 말씀하시는 것을 듣지 못했다'고 한 것인데, 결국 공자께서 말씀하신 것은 '성'과 '천도'가 아닌 게 없다.〔蓋夫子之所言, 無非性與天道, 而未嘗表著之曰: 此性也, 此天道也. 故不曰: '性與天道不可得而聞', 而曰: '言性與天道不可得而聞', 所言無非性與天道也〕"

『논어』에서 보면 공자가 '성'에 대해 말한 것은 「양화편」의 "사람의 본성은 본디 서로 비슷하지만, 후천적인 습성으로 인해 서로 격차가 벌어지게 된다.〔性相近也, 習相遠也〕"가 유일하며, '천도'의 경우는 더욱 찾아보기 힘들어 같은 편(篇)에서 "하늘이 무슨 말을 하더냐? 사계절이 운행하고 만물이 나고 자라지만, 하늘이 무슨 말을 하더냐?〔天何言哉? 四時行焉, 百物生焉, 天何言哉〕"라고 개괄적인 언급을 하거나, 「헌문편」에서 "나를 알아주는 것은 아마도 하늘뿐이리라!〔知我者, 其天乎〕"라고 한 정도다. 형이상학적인 '성'과 '천도'의 문제는 자못 심오하여 제자가 일정한 수준과 등급에 이르렀을 때 비로소 논하였으며, 그것은 '아주 드물기는' 해도 공자가 『주역』 연구에 몰두한 만년에 집중되었을 것이다. 아무튼 자공은 이때 비로소 심오하고 훌륭한 스승의 가르침을 듣고 찬탄해 마지않은 것이다.

○ 사귄 지 오래되어도 공경한다, 누가 누구를?

晏平仲善與人交, 久而敬之!

안평중선여인교, 구이경지!

안평중은 사람들과 사귀기를 잘한다. 사귐이 오래될수록 사람들이 더욱 그를 공경하나니!

이는 안평중, 즉 제(齊)나라 대부(大夫) 안영(晏嬰)의 군자다운 사귐을 칭송한 것이다. 안평중은 검소한 생활로 정치 개혁에 힘썼으며, 겸허히 선비를 존중하고 언행을 방정히 하여, 현상(賢相)의 반열에 오른 인물이니, 공자의 찬탄에 분명 근거가 있는 것이다.

이 구절을 풀이함에 있어서는 '구이경지(久而敬之)'의 주체와 객체를 바르게 이해해야 한다. 항간의 풀이는 대개 '사귄

지 오래되어도 여전히 공경하였다'는 뜻으로 옮기고 있다. 그것은 필시 "사람의 사귐은 오래되면 공경하는 마음이 시들게 마련인데, 오래될수록 더욱 공경할 수 있다는 것은 분명 다른 사람과 사귀기를 잘하는 것이다.〔人之交久則敬衰, 久而能敬, 所以爲善與人交也〕"라고 한 정자(程子)의 설명에 근거한 것으로 보이는데, 누가 누구를 공경하였다는 것인지 모호하다.

'구이경지'에 대한 역대 풀이는 대략 두 가지다. 황간은 '지(之)'를 안평중을 가리키는 것으로 보고, '사귐이 오래될수록 다른 사람이 더욱 그를 공경한다'는 뜻으로 풀이하였다. 반면 유보남은 '지'를 '선여인교(善與人交)'의 '인'을 가리키는 것으로 보고, '사귐이 오래될수록 안평중이 더욱 다른 사람을 공경하였다'는 뜻으로 풀이하였다. 한데 후자와 같이 남과 잘 사귀기 위해 상대방의 사람됨이 어떠하든 한결같이 공경한다면, 때로는 작위적이라는 지적과 함께 진실성에 대한 의혹을 피하기 어려우며, 유덕(有德)한 군자의 사귐이라 하기에는 뭔가 부족함이 있다. 공자가 "군자는 일의 탓이나 해법을 자기에게서 찾는다.〔君子求諸己〕"〈「위영공」〉고 하지 않았던가? 사람이 자신의 충실한 도덕 수양을 바탕으로 교우에 임해, 벗이 시종 변함없이, 아니 갈수록 더욱 나를 공경하게 한다면, 진정 사귀기를 잘 하는 것이라 할 것이다. 따라서 사귐이 오랠수록 다른 사람이 더욱 안평중을 공경한다는 것은, 그만큼 그의 현덕(賢

德)과 신망(信望)을 방증하는 것이다. 또한 그러한 경우에는 분명 서로의 신의가 날로 두터워지면서, 궁극적으로 서로가 서로를 공경하는 이상적인 교우 관계로 발전할 수 있다. 결론적으로 전자, 즉 황간의 풀이가 한결 적절한 것으로 판단된다.

안평중의 사귐은 사귐의 기술이 아니라, 그의 높은 도덕 수양에 힘입은 것이다. 무릇 권세나 지위, 풍채나 명성, 교제의 기술 따위에 힘입어 사귈 경우에, 다른 사람이 설령 그를 공경한다고 한들 그 공경이 얼마나 오래 가겠는가?

○ 두 번 생각하면 되고, 세 번 생각하면 안 된다?

季文子三思而後行. 子聞之, 曰: "再, 斯可矣."
계문자삼사이후행. 자문지, 왈: "재, 사가의."

계문자는 무슨 일을 할 때면 여러 번 생각한 다음에야 비로소 행동에 옮겼다. 공자께서 그 얘기를 들으시고 말씀하셨다. "두 번만 생각하면 된다."

여기서 문제가 되는 것은 '삼(三)' 자(字)의 의미다. 항간에서는 이를 흔히 '세 번'이란 뜻으로 옮기고 있는데, 재론의 여지가 있다. 사실 여기서 '삼사(三思)'는 재삼(再三), 즉 거듭·여러 번 생각한다는 뜻으로 이해해야 한다. '삼'을 실수(實數)로 봐서는 안 된단 애기다. 주자가 평성(平聲)을 기본으로 하는 '삼'의 성조(聲調)를 여기서는 거성(去聲)이라고 하여, 여러 번이란 뜻으로 본 것도 바로 그 때문이다. 다산이 말한 대로, 두 번과 세 번은 큰 차이가 없는데, 두 번 생각하는 것은 되고, 세 번 생각하는 것은 안 된다고 할 수 있겠는가?

○ 영무자(甯武子)의 지혜로움과 어리석음이란 무얼 말하는가?

甯武子邦有道, 則知; 邦無道, 則愚. 其知可及也, 其愚不可及也.

영무자방유도, 즉지; 방무도, 즉우. 기지가급야, 기우불가급야.

영무자는 나라에 바른 도가 행해질 때는 지혜로웠고, 나라에 바른 도가 행해지지 않을 때는 어리석었다. 한데 그의 지혜로움은 누구나 따를 수 있으나, 그의 어리석음은 아무나 따를 수가 없다.

이는 "그의 어리석음은 아무나 따를 수가 없다"는 데에서 알 수 있듯이, 공자가 위(衛)나라 대부(大夫) 영무자의 남다른 처세 태도를 찬미한 것이다. 이에 대한 항간의 한글 번역은 크게 문제될 게 없다. 다만 그 문의(文意) 풀이는 대부분(일부는 무난하다) 논리가 모호하거나 엉뚱해 고개를 갸우뚱하게 한다. 하여 공자의 본의를 한번 찬찬히 헤아려 보기로 한다.

관건은 영무자의 '지혜로움'과 '어리석음'의 실체가 무엇인가이다. 여기서 '지(知)'는 지혜로움[智]을 뜻하는데, 다산은 자취를 감추고 일신(一身)을 보전함을 말한다고 풀이하면서, 소위 '지혜로움'이란 곧 해(害)를 멀리하는 것임을 강조하였다. 한편 이를 항간에서는 흔히 지혜를 발휘해 평소의 포부를 실현한다는 뜻으로 보는 경향이 있으나, 재론의 여지가 있다. '우(愚)'는 어리석음, 우직함을 뜻하는데, 다산은 자신을 돌보지 않고 어려움을 무릅씀을 말한다고 풀이하면서, 소위 '어리석음'이란 곧 일신을 도모하는 데 뛰어나지 않은 것임을 강조하였다. 한편 한대(漢代) 공안국(孔安國)이 이를 '정말로 어리석은 척함〔詳愚似實〕'으로 풀이한 이후, 하안을 비롯해 황간, 형병 등 역대 주석가 다수가 모두 같은 맥락에서 어리석은 척하며 재지(才智)를 드러내지 않는다는 뜻으로 보았으나, 역시 재론의 여지가 있다.

공안국의 '우(愚)' 자(字) 풀이에 근거한 역대 주석가들의 설명에 따르면, 영무자는 '방유도(邦有道)'하면, 즉 치세(治世)에는 지모(智謀)를 발휘해 포부를 실현한 반면, '방무도(邦無道)'하면, 즉 난세(亂世)에는 지모를 감추고 짐짓 어리석은 척하며 몸을 보전하고 화(禍)를 멀리했는데, 후자는 전자와 달리 '대지약우

(大智若愚, 지극히 지혜로운 사람은 자신의 재능을 과시하지 않으므로 겉으로 보기에는 오히려 어리석어 보임)'의 달인(達人)이 아니면 쉽게 하기 어렵다는 것이다. 과연 그게 공자의 본의일까? 유례가 없는 난세를 살며 구세(救世)의 일념으로 평생을 헌신한 것이 바로 공자인 점을 감안하면, 설득력이 떨어진다.

우리는 영무자에 대한 공자의 평어(評語)에 함축된 심층적 의미를 읽어내야 한다. 진정 군자라면 '방무도'의 상황에서는 오히려 일신의 안위를 돌보지 않고 적극적으로 나아가 위난을 다스리고 세상을 구제하는 데 혼신의 힘을 다해야 한다. 한데 그 같은 처세는 아무나 할 수 있는 게 아니다. 공자가 그 고귀함을 칭송한 까닭은 바로 그 때문이다. 그리고 '방유도'의 상황에서는 세상에서 벼슬하며 지혜를 발휘하기보다는, 오히려 '거안사위(居安思危, 편안한 상태에 있으면서도 언제 위험이 닥칠지 모른다는 생각을 하며 경계심을 가짐)'하여 자취를 감추고 일신을 보전하여야 한다. 바로 이러한 관점에서 역대 주석가들의 견해를 뒤집는 새로운 풀이를 선도한 것이 주자요, 그에 적극 동조한 것이 다산이다. 그 설명에 따르면 처세 태도를 여실히 보여주는 행적은 대략 다음과 같다.

당시 위(衛)나라는 성공 3년에 권력다툼의 소용돌이에 휩싸여 국가적으로 무도(無道)한 상황에서 성공이 초나라로 망명하는 지경에 이르렀는데, 영무자는 몸과 마음을 다 바쳐 위험과 고난에 맞섰으며, 결국 임금을 호위해 환국할 수 있었다. 이는 지혜롭고 꾀 있는 사람들은 모두 기피하는 것이나, 영무자는 나라가 무도한 데에도 우직하게 충성을 다한 것이다. 그러므로 그의 '어리석음'은 아무나 따를 수 없는 것이다. 하지만 혼란이 평정되자, 영무자는 '공성신퇴(功成身退, 공을 이룬 뒤에는 오히려 뒤로 물러남)'의 자세로 벼슬을 마다하고, 공달(孔達)에게 권력을 양보하였다. 한데 공달은 결국 비명에 일생을 마감한 반면, 영무자는 천수를 다하였다. 이렇듯 유도(有道)한 상황에서 자취를 감추고 몸을 보전하는 것 또한 쉬운 일은 아니나, 그래도 그것은 뜻 있는 선비라면 할 수 있는 것이다. 그러므로 그의 '지혜로움'은 다른 사람도 따를 수 있는 것이다. 요컨대 다산이 말한 대로 "성인의 대의(大義)는 태평의 시대에는 종적을 감추어 권력을 사양하며, 위난의 시대에는 일신을 돌보지 않고 나라를 위해 목숨을 바치고자 하였던 것이다.〔聖人之義, 蓋欲於無事之時, 斂跡辭權, 有難之時, 亡身殉國〕"

○ 공로를 과시하지 않는다?

顔淵曰: "願無伐善, 無施勞."
안연왈: "원무벌선, 무시로."

안연이 말했다. "스스로 능한 바를 자랑하지 않고, 어렵고 힘든 일을 남에게 강요하지 않으려고 합니다."

여기서 논란이 되는 것은 '시로(施勞)'다. 이를 공안국은 힘든 일을 남에게 강요한다는 뜻으로 풀이하였다. 곧 '시'는 「안연편」 "자기가 하기 싫은 것은 다른 사람에게도 하게 하지 않아야 한다.〔己所不欲, 勿施於人〕"의 '시'와 같은 뜻으로, 가(加)한다 · 강요한다는 말이다. '로'는 노역지사(勞役之事), 즉 몹시 괴롭고 힘든 일을 말한다. 한편 주자와 유보남, 양보어쥔 등은 또 '시'는 과장함, 드러냄, 떠벌림, '로'는 공로, 유공(有功)의 뜻으로 풀이하였다. 항간의 기존 번역은 거의 이를 따라 '공로를 과시하지 않는다.'는 뜻으로 옮기고 있다.

하지만 진천상(陳天祥)의 『사서변의(四書辨疑)』에서도 지적하였듯이, '능한 바를 자랑하지 않는다'거나 '공로를 떠벌리지 않는다'는 것은 결국 같은 얘기인데, 안연이 과연 그처럼 중언부언하였을까? 더구나 안연이 인인(仁人) 군자를 지향하는 현인이었음을 감안할 때, 그의 뜻은 분명 세상에 인후(仁厚)함을 베풀려는 것으로 이해된다. 다시 말해 자신의 능한 바를 자랑하지 않는가 하면, 사람들에게 힘든 일을 강요하지 않음으로써 "자기 자신을 수양해 사람들을 편안하게 해 주고자 한 것이다.〔修己以安人〕"〈「헌문」〉 안연은 그야말로 겸허와 추기(推己, 자신의 마음을 미루어 남의 마음을 헤아림)의 수양이 돋보이는 인자(仁者)의 면모를 보여 준 것이다. 한데 만약 주자 등과 같이 풀이한다면, 그 지향(志向)의 편협함이 두드러지니, 결코 안연의 뜻에 부합한다고 보기 어렵다. 주자 또한 『집주』에서 공안국의 풀이를 혹설(或說)로 소개하면서, 그 역시 통한다고 한 것을 보면, 자신의 견해에 그 스스로도 확신이 없었던 게 아닐까?

6. 옹야편(雍也篇)

○ 임금 자리를 맡길 만하다?

雍也, 可使南面.

옹야, 가사남면.

옹은 경대부의 높은 벼슬에 올라 백성을 다스리게 할 만하다.

공자는 제자 염옹(冉雍)을 '남면(南面)'의 재목으로 평가하고 있다. 한데 여기서 말하는 '남면'을 흔히 왕위에 올라 나라를 다스린다는 뜻으로 풀이하고 있는데, 재론의 여지가 있다.

'남면'이란 일단, 북쪽에 자리하고 남쪽을 향해 앉아서 정사(政事)를 듣고 처리한다는 뜻이다. 이에 대한 역대 주석가의 진일보한 풀이는 대략 둘로 나뉜다. 먼저 포함과 정현, 주자 등은 모두 천자나 제후를 두고 이르는 것으로 보았다. 반면 『문선(文選)』「사현부(思玄賦)」주(注) 소인(所引) 『논어적보상(論語摘輔象)』과 왕인지(王引之)의 『경의술문(經義述聞)』 등에서는 경대부(卿大夫)를 지칭하는 것으로 풀이하였다.

그런데 『대대례(大戴禮)』「자장문입관편(子張問入官篇)」에서 "군자는 '남면'하여 관직에 임한다.〔君子南面臨官〕"고 한 것이나, 『사기(史記)』 「저리자전(樗里子傳)」에서 "반드시 공(公)의 공(功)을 우리 위나라 임금님께 아뢰어 공이 '남면'하도록 하겠습니다.〔請必言子於衛君, 使子爲南面〕"라고 한 것을 보면, '남면'을 반드시 군주에 국한시켜 이해하는 것은 무리가 있어 보인다. 더욱이 공자 당시에는 왕위 세습이 이미 보편화되었던 점을 감안할 때, 평소 참람(僭濫, 분수에 넘쳐 너무 지나침)을 극력 반대해온 공자가 "포의(布衣)의 신분에 지나지 않는 이를 어떻게 참람히 군왕에 견줄 수 있겠는가?〔身爲布衣, 安得僭擬於人君乎〕"〈『경의술문』〉 물론 능정감(凌廷堪)이 『예경석례(禮經釋例)』에서 이른 대로, "'남면'이란 군주를 지칭하는가 하면, 또한 경대부와 선비〔士〕도 아울러 일컫는다.〔南面指人君, 亦兼卿大夫士言之〕" 하지만 적어도 공자가 염옹을 두고 말한 이 '남면'은, 경대부의 높은 벼슬에 올라 백성을 다스리며 성세(盛世)를 이룩하는 데 힘을 보탠다는 뜻으로 이해하는 것이 마땅하다.

○ 석 달 동안? 하루나 한 달에 한 번?

回也, 其心三月不違仁, 其餘則日月至焉而已矣.

회야, 기심삼월불위인, 기여즉일월지언이이의.

안회는 그 마음이 오래도록 인을 떠나지 않으나, 그 나머지 사람들은 하루나 한 달 정도 인에 이를 뿐이다.

이는 공자가 인덕(仁德)의 수양에 누구보다 정진하는 수제자 안회를 찬양하고 격려하면서, 아울러 나머지 제자들의 분발을 촉구한 말이다. 여기서는 '삼월(三月)'과 '일월(日月)'의 뜻풀이에 유의해야 한다. 항간의 기존 풀이는, 이 구절을 흔히 "안회는 그 마음이 '석 달 동안' 인에 어긋나지 않으나, 나머지 사람들은 '하루나 한 달에 한 번' 인에 이를 뿐이다."라고 옮긴다. 일견 별 문제가 없어 보인다. 하지만 다시 한 번 생각해 보자.

여기서 '삼월'은 주자가 그 시간이 오래임을 말한다고 풀이하였듯이, 오래도록·오랫동안의 뜻으로 이해하는 것이 낫다. 안회의 마음이 인을 떠나지 않는 게 정확히 석 달 동안이라? 쉽게 수긍하기 어려운 얘기다. '삼월'의 '삼'은 「공야장편」 '삼사(三思)'의 '삼'과 같은 용법으로 보는 게 좋다.

그리고 '일월지언(日月至焉)'에서 '일월'은 하루나 한 달 동안이라는 뜻으로, 곧 '삼월'에 비해 상대적으로 짧은 시간을 말한다. '지언'은 하안과 형병이 '지인(至仁)', 즉 인에 이른다는 뜻으로 풀이하였다. 그러니까 '일월지언'은 다른 제자들은 자주 인도(仁道)를 벗어나 있으며, 가끔 인에 거하는 경우에도 하루나 한 달 정도 지속될 뿐이라는 뜻을 표현한 것이다. 한편 주자는 이를 '혹은 하루에 한 번 인에 이르고, 혹은 한 달에

한 번 인에 이르는 것으로, 그 권역에 이르기는 하나 오래가지 못하는 것'이라고 하였는데, 폄하하는 뜻이 지나쳐 공자의 본의로 보기 어렵다. 다산이 말한 대로, 공문(孔門)의 제자들이 비록 안회에게는 미치지 못한다고 할지라도 그 불인(不仁)함이 어찌 그와 같을 수 있겠는가? '일월'의 기본 뜻은 날과 달, 곧 한 날과 한 달이거늘, 하루나 한 달에 '한 번'이란 의미를 덧붙인 근거가 궁금하다. 아무래도 편견의 소치가 아닐까? 아니면 안회를 한껏 높이려는 과도한 공경심 때문이 아닐까?

○ 능력이 부족한 자?

冉求曰: "非不說子之道, 力不足也." 子曰: "力不足者, 中道而廢. 今女畫."

염구왈: "비불열자지도, 역부족야." 자왈: "역부족자, 중도이폐. 금여획."

염구가 말했다. "선생님의 학설을 좋아하지 않는 것은 아니지만, 저는 재능이 부족합니다." 공자께서 말씀하셨다. "스스로 재능이 부족하다고 여기면 나아가다 필시 중도에 그만두게 되나니, 지금 너는 스스로 한계를 긋고 있구나."

여기서 '역부족자(力不足者)'를 항간에서는 흔히 '능력이 부족한 자'로 옮기고 있는데, 곧 '자' 자(字)를 사람을 이르는 것으로 본 것이다. 하지만 그것은 공자의 본의와는 거리가 있어 논란의 여지가 있다. 결론부터 말하면 '자'는 어기(語氣) 조사로, 휴지(休止)를 나타냄과 동시에 가정(假定)의 어기를 내포한다. 사람을 가리키는 게 아니다. 여기서 공자는 재능이 부족한 사람과 재능이 충분한 사람을 구분해서 전자를 나무란 것이 아니다. 공자는 곧 의욕도 자신감도 없이 마냥 소극적이기만 한 염구의 태도를 심히 못마땅해 하면서, 사람은 누구나 "스스로 재능이 부족하다고 여기면" 그 어떤 일도 끝까지 이뤄낼 수가 없는 법, 재능이 있느냐 없느냐가 중요한 게 아니라 얼마나 의욕과 열정을 가지고 적극적으로 도전하는 자세로 임하느냐 그렇지 않느냐가 중요함을 일깨운 것이다.

공자는 「이인편」에서 "어디 능히 하루라도 온 힘을 인(仁)에 쏟는 사람이 있는가? 나는 아직 그 힘이 부족한 사람은 보지 못했다. 아마도 그런 사람이 있을 것이나, 나는 아직 보지 못하였다.〔有能一日用其力於仁矣乎? 我未見力不足者. 蓋有之矣, 我未之見也〕" 하고 말한 바 있다. 어떤 일에 임하는 사람에게 과연 '역부족'함이 있으며, 또 그것이 근원적인 문제가 되는지 깊이 회의하고 있는 것이다. 사람이 진정 시종여일(始終如一)한 항심(恒心)과 초지일관(初志一貫)하는 굳은 의지로 부단히 분발 정진한다면, 궁극에는 어떠한 난관도 극복하고 목표에 도달할 수 있을 것이다. 그러나 만약 '역부족'하다는 생각으로 스스로 한계를 짓는다면, 분명 중도에 그만두게 될 것이며, 그러면 그때까지의 노력과 성과도 아무 보람 없이 물거품이 되고 만다는 것이 공자의 생각이다. 이런 견지에서 볼 때, 공자가 소극적인 염구의 분발을 촉구한 이 문제의 구절에서, '역부족자'는 '스스로 재능이 부족하다고 여기면'의 뜻으로 풀이하고 이해하는 것이 한결 유의미하다.

○ 바탕과 겉모양?

> 質勝文則野, 文勝質則史. 文質彬彬, 然後君子.
> 질승문즉야, 문승질즉사. 문질빈빈, 연후군자.
>
> 내면의 질박함이 외면의 문채를 능가하면 투박하고, 외면의 문채가 내면의 질박함을 능가하면 화려하나니, 문채와 질박함이 고르게 어울려 조화로운 다음에야 비로소 군자로다.

이는 알 만한 사람은 다 아는 공자의 명언이다. 한데 항간의 기존 풀이에 분명히 짚고 넘어갈 게 있다. 관건은 '질(質)'과 '문(文)'의 함의다. '질'은 흔히들 실질, 곧 바탕 또는 내용의 뜻으로 풀이한다. 하지만 이는 '문'과 상반된 개념으로, 내재적 본질의 질실(質實)함, 즉 꾸밈이 없고 진실함을 이르는 것으로 봐야 한다. 한 마디로 '내면의 질박함'을 말한다. 황간이 이를 실박(實樸)함, 수수함으로 풀이한 것도 같은 맥락으로 이해된다. 그리고 '문'은 흔히들 외관(外觀, 겉모양・겉모습) 또는 형식의 뜻으로 풀이하기도 하고, 간혹은 무늬의 뜻으로 풀이하기도 하는데, 후자는 무난하나 전자는 미흡하다. 여기서 '문'은 물론 '질'과 상반된 개념으로, 문채(文彩), 즉 외형적 언행의 꾸밈과 광채를 말한다. 황간이 이를 화려함이라고 풀이한 것 또한 같은 맥락이다.

공자의 교육 이상은 궁극적으로 사람들이 군자다운 품성을 갖추도록 이끄는 것이다. 군자는 기본적으로 인도(仁道)의 실행을 자신의 임무로 여기는 인인(仁人)이다. 공자는 여기서 '문채〔文〕와 질박함〔質〕이 고르게 어울려 조화로운 연후에야 비로소 군자다움'을 역설하였다. 진정 군자라면 내면적으로 질실하고 순박하며 선량하고 돈후(敦厚)한 본성의 바탕 위에 외형적으로 언사(言辭)와 의용(儀容)의 수식(修飾)과 광휘(光輝)가 넘치지도 모자라지도 않는 최적의 상태로 어우러져 조화를 이루어야 한다는 것이다. 만약 전자는 넘치고 후자가 모자라면 야인처럼 지나치게 질박무문(質樸無文)하고, 후자는 넘치고 전자가 모자라면 사관처럼 지나치게 부화부실(浮華不實)한 폐단을 피하기 어렵다는 것이 공자의 생각이다. 공자 당시는 '문채'가 기승을 부려 '질박'한 고도(古道)가 쇠미의 길로 치닫고 있었고, 공자는 바로 그 같은 편향(偏向)을 바로 잡아 중용(中庸)의 정도(正道)로 되돌리고자 '문질빈빈(文質彬彬)'의 '진(眞)군자'를 강조한 것이다.

'질'과 '문'에 대한 기존 번역은 공자 심중(心中)의 이 같은 깊은 뜻을 제대로 살려내지 못하고, 단지 해당 글자의 단순한 의미만을 우리말로 옮기고 있어서, 유의미한 설득력을 갖지 못한다. '질'을 단순히 '바탕'이나 '내용'이라고만 하고, '문'을 단순히 '외관(겉모양)'이나 '형식'이라고만 하면 왜 안 될까? 단지 그렇게만 말하면, 우선은 양자가 모두 모호하고 막연하여 공자의 본의를 여실히 표현해 내지 못하게 된다. 그리고 또 어떠한 '바탕'이나 '내용', '외관'이나 '형식'도 서로 잘 어울려 조화로우면 된다는 얘긴가 하는 의문을 갖게 한다. 물론 불순(不純)한 '바탕'과 불량하게 꾸며진 '외관'은 아무리 잘 어우러져 조화를 이룬다고 하더라도 일말의 의미나 가치도 가질 수 없다. 공자의 지향은 군자다움에 있고, 그 같은 이상을 이룩하기 위해서는 바로 '내면의 질박함'과 '외면의 문채'가 고르게 어울려 조화로워야 한다는 얘기다.

○ 우물 안에 인(仁)한 사람이 있다?

宰我問曰: "仁者, 雖告之曰: '井有仁焉.' 其從之也?" 子曰:

"何爲其然也? 君子可逝也, 不可陷也; 可欺也, 不可罔也."
재아문왈: "인자, 수고지왈: '정유인언.' 기종지야?" 자왈: "하위기연야? 군자가서야, 불가함야; 가기야, 불가망야."

재아가 여쭈었다. "인한 사람은 비록 누가 그에게 '우물 안에 인도(仁道)가 있다.'고 하더라도 설마 그 인도를 구하기 위해 우물 안으로 들어갑니까?" 공자께서 말씀하셨다. "무엇 때문에 그렇게 하겠느냐? 군자는 용감히 나아가 인도를 추구하게 할 수는 있어도 죽음의 위험에 빠지게 할 수는 없고, 이치에 닿는 말로 속일 수는 있어도 이치에 닿지 않는 말로 속일 수는 없다."

여기서 가장 논란이 되는 것은 '정유인언(井有仁焉)'의 '인' 자(字)에 대한 풀이다. 전통적으로는 '인(仁)'을 인인(仁人)의 뜻으로 본 공안국의 견해나, '인(人)'의 잘못으로 본 유빙군(劉聘君)의 주장을 따른 주자의 견해에 의거해 풀이하는 것이 일반적이다.

하지만 왕시위엔은 확증도 없이 글자를 더하거나 고치는 방식으로 경전을 풀이하는 것은 타당하지 않다는 입장에서, '인'을 글자 그대로 '인도(仁道)'의 뜻으로 풀이하였는데, 매우 설득력 있는 주장으로 따를 만하다. 더욱이 이 구절은 '수고지왈(雖告之曰)'의 '수(雖, 비록)'와 '기종지야(其從之也)'의 '기〈其, 기(豈)와 통하며, 여기서는 설마의 뜻임〉'에서 느껴지는 뉘앙스에서 알 수 있듯이, 재아가 실제로는 거의 있을 수 없는 다소 극단적인 경우를 가정하여, 공자에게 "세상에 어떤 것도 인(仁)함을 능가하는 것이 없다고 생각하는〔無以尙之〕"〈「이인」〉 인자는 인도를 추구하기 위해 어떠한 위험도 무릅쓰는지를 여쭌 것이다. 그리고 그것은 필시 일찍이 "뜻 있는 선비와 인(仁)한 사람은 구차히 살고자 하여 인을 훼손하지 않으며, 오히려 자신의 목숨을 바쳐 인을 이룰 뿐이다.〔志士仁人, 無求生以害仁, 有殺身以成仁〕"〈「위영공」〉라고 한 스승 공자의 가르침이 켕기어 생긴 의구심일 것이다.

전통적 풀이의 모순은 다산의 반박을 참고할 만한데, 다산이 말했다. "인한 사람이 함정(다산은 '정井'을 함정의 뜻으로 봄)에 빠지면 인자가 그를 구제하고, 보통 사람이 함정에 빠지면 인자가 그는 구제하지 않는단 말인가? 함정에 빠진 사람을 구제하려면 응당 두레박줄을 내려주어야 할 것이지, 그 사람을 따라 들어가 함께 빠져 죽는다면 도대체 무슨 도움이 되겠는가?" 그렇다. 인자는 비록 인도의 수호와 완성을 위해 기꺼이 어떠한 희생도 무릅쓰지만, 반드시 그 시비(是非)와 가부(可否)를 바르게 분별해 자신의 희생을 헛되게 하지는 않는다. 인자는 사리 분별이 뛰어난 지자(智者)이다. 그들은 결코 "호랑이에게 맨손으로 달려들고, 큰 강을 맨몸으로 건너다가 목숨을 잃더라도 후회하지 않는〔暴虎馮河, 死而無悔〕"〈「술이」〉 만용을 부릴 정도로 어리석지 않다. 공자가 “인애(仁愛)를 좋아하되 배우기를 좋아하지 않으면, 그 폐단은 남에게 쉽게 우롱을 당하는 것〔好仁不好學, 其蔽也愚〕”〈「양화」〉이라고 하지 않았던가?

7. 술이편(述而篇)

○ '내가 잘하는 게 무엇이 있겠느냐?'라?

默而識之, 學而不厭, 誨人不倦, 何有於我哉?
묵이지지, 학이불염, 회인불권, 하유어아재?

보고 들은 것을 묵묵히 마음속에 새기고, 스스로 배우는 데 싫증을 내지 않으며, 다른 사람을 가르치는 데 게으름을 피우지 않는 것이 나에게 무슨 어려움이 있겠느냐?

공자의 말이다. 여기서 논란이 되는 것은 '하유어아재(何有於我哉)' — 이는 곧 '어아하유재(於我何有哉)'의 도치다 — 의 뜻풀이다. 관건은 '하유'가 무슨 뜻이냐는 것이다. 주자는 '하유'를 '유하(有何)', 즉 무엇이 있단 말인가로 보아, 이 구절을 '(세 가지 가운데) 어느 것이 능히 나에게 있겠는가?' 곧 어느 것 하나 제대로 하는 것이 없다는 뜻으로 풀이하며, 공자가 '겸손하고 또 겸손한 말'이라고 부연하였다. 항간의 기존 풀이는 두말할 나위 없이 주자의 절대적인 영향 하에 있다. 한데 주자의 견해는 이론의 여지가 있다.

사실 '하유'는 춘추시대의 상용어로, '하난지유(何難之有)' 또는 '하유난호(何有難乎)'를 줄여 이른 것으로, 곧 '무슨 어려움이 있겠는가?'란 뜻이다. 그것은 공자가 「이인편」에서 "예의상의 겸양 정신으로 나라를 다스릴 수 있다면, 무슨 어려움이 있겠는가?〔能以禮讓爲國乎, 何有〕"라고 하며 쓴 '하유'의 용례를 보면 더욱 잘 알 수 있다. 그리고 「자한편」 "집 밖에 나가서는 왕공(王公) 대신(大臣)을 섬기고, ……술로 인해 곤란을 당하지 않는 것이 내게 무슨 어려움이 있겠느냐?〔出則事公卿, ……不爲酒困, 何有於我哉〕"의 '하유어아재'도 당연히 이같이 풀이해야 한다.

공자는 실제로 평생 누구보다도 배우기를 좋아하였고, 또 다른 사람을 가르치는 데에 온 열정을 다 바쳤다. 더욱이 겸허함이 몸에 밴 공자였지만, 배우고 가르침에 있어서 그 누구에게도 뒤지지 않는다는 자부심이 대단하였다. "10호(戶)밖에 안 되는 작은 마을에도, 반드시 충성스럽고 신실함이 나와 같은 사람이 있을 것이다. 하지만 그 누구도 나만큼 배우기를 좋아하지는 않을 것이다.〔十室之邑, 必有忠信如丘者焉, 不如丘之好學也〕"〈「공야장」〉 "성인과 인자를 우러러 스스로 배움에 싫증내지 않고, 사람들을 가르침에 게으름을 피우지 않는 것은, 나 또한 그러할 따름이라고 할 수 있노라.〔抑爲之不厭, 誨人不倦, 則可謂云爾已矣〕"〈「술이」〉

공자는 또 "많이 듣고 그 가운데서 좋은 것을 골라 따르고 기억하며, 또 많이 보고 그 가운데서 좋은 것을 골라 따르고 기억한다.〔多聞, 擇其善者而從之, 多見而識之〕"〈「술이」〉라고 하였는데, 이는 곧 당신의 '묵이지지(默而識之)', 즉 보고 들은 것을 묵묵히 마음속에 새김을 뒷받침하는 말이나 다름이 없다. 이렇듯 공자는 진정 배움에 대한 갈망과 가르침에 대한 열정이 넘쳤거니, '하유어아재?'를 어찌 겸사(謙辭)로만 볼 수 있겠는가? 그뿐만 아니라 우리는 교학상의 끝없는 향상과 발전을 위한 이 세 가지 자세와 정신을 자부하는 공자의 마음속에 제자들의 분발을 독려하고, 또 많은 사람들의 매진을 권면하는 뜻이 담겨 있다는 것도 간과하지 말아야 한다.

○ 발분하지 않으면? 애태우지 않으면?

> 不憤不啓, 不悱不發.
> 불분불계, 불비불발.
>
> 어떤 이치를 너무나 알고 싶은데 여의치 않아 안달하는 상태가 아니면 일깨워주지 않으며, 어떤 이치를 안 후 그것을 너무나 설명하고 싶은데 여의치 않아 안달하는 상태가 아니면 말문을 틔워주지 않는다.

이는 공자의 교육이 주입식이 아닌 학습자의 슬기를 계발(啓發)하는 방식이었음을 단적으로 말해 준다. 여기서는 '분

(憤)'과 '비(悱)'의 함의가 매우 중요한데, 공자의 본의가 마음 깊이 와 닿을 수 있도록 풀이할 필요가 있다. 기존 번역은 대개 '발분하지 않으면'·'애태우지 않으면' 정도의 뜻으로 다양하게 옮기고 있는데, 무난하기는 하나 아무래도 공자의 심중을 충분히 헤아리기에는 미흡하다.

'분'의 기본 의미는 발분(發憤)함, 결냄 — 못마땅한 것을 참지 못하여 성을 냄이다. 한데 이를 주자는 마음으로는 통달하고 싶지만 잘 되지 않는다는 뜻이라고 하였다. 곧 어떤 지식이나 이치를 알고 싶은 마음은 너무 간절한데 여의치 않아 안달함을 말한다. 그리고 '비'의 기본 의미는 성냄, 화냄이다. 이를 주자는 또 입으로는 말하고 싶지만 잘 되지 않는 모양이라고 하였다. 곧 어떤 지식이나 이치를 알고 난 후 말로 표현하고 싶은 마음이 간절하나 여의치 않아 안달함을 말한다. 이처럼 주자의 견해에 의거해 양자를 풀이하면, 그 함의가 한결 쉽게 그리고 깊게 와 닿는 느낌이다. 공자가 말하는 계발식 교육의 주안점은 교육자의 주도하에 피교육자의 학습 능동성과 적극성을 최대한 활성화하고, 나아가 그들의 독립적 사고력을 배양함에 있다. 그러므로 공자는 학생이 향학열을 불태우며 발분 진력하지만, 아직은 역부족을 절감하면서 애태우고 안달하는 상태가 되어서야만 비로소 그를 일깨워주고 틔워주는 것이다.

○ 많이 보고 그걸 기억한다? 아는 것에 버금간다?

> 蓋有不知而作之者, 我無是也. 多聞, 擇其善者而從之, 多見而識之, 知之次也.
>
> 개유부지이작지자, 아무시야. 다문, 택기선자이종지, 다견이지지, 지지차야.
>
> 아마 진리를 잘 알지도 못하면서 함부로 새로운 학설을 창시하는 사람이 있을 것이나, 나는 그런 일이 없도다. 많이 듣고 그 가운데서 좋은 것을 골라 따르고 기억하며, 또 많이 보고 그 가운데서 좋은 것을 골라 따르고 기억하면서 진리를 아는 것은 태어나면서부터 아는 것에 버금간다.

여기서는 '다견이지지(多見而識之)'와 '지지차(知之次)'의 뜻풀이에 유의해야 한다. 이를 기존 번역은 대개 '많이 보고 그걸 기억한다'와 '아는 것에 버금간다'는 뜻으로 옮긴다. 이는 물론 보기에 따라서는 그다지 문제가 되지 않을 수 있다. 하지만 공자의 본의를 보다 충실히 풀어 내야 한다는 견지에서 보면, 여전히 미흡함이 있다.

'다견이지지'는 앞의 '다문, 택기선자이종지(多聞, 擇其善者而從之)'와는 달리 '견' 자(字)와 '이' 자 사이에 '택기선자'란 말이 없는 탓에, 후세에 논란을 불러 일으켜 왔다. 형병은 원문에 '택선(擇善)'의 의미를 더해 풀이하였는데, 그것은 곧 전후(前

後) 중복을 피해 그 말이 생략된 것으로 이해한 것이다. 주자는 형병의 견해와는 상치(相馳)되게, 글자그대로 '따르는 것〔從〕'은 선한 것을 골라서 하지 않을 수 없으나, '기억하는 것〔識〕'은 선악을 막론하고 다 마음에 담아두고 참고해야 한다는 뜻으로 풀이하였다. 반면 황간은 또 호문〈互文, 위아래 문의(文義)를 서로 보충하고 설명하는 표현 방식〉으로 이해하였다. 요컨대 형병과 황간의 풀이는 곧 많이 듣고 그 가운데서 선한 것을 골라서 따르고 또 기억하며, 많이 보고 그 가운데서 선한 것을 골라서 따르고 또 기억한다는 말이다. 사람이 배움의 길을 가며 올바른 지식을 확충해 가는 과정에, 듣고 본 것 모두에서 선한 것을 골라 따르고 또 기억하는 것이 마땅하다고 할 것이다. 결국 형병과 황간의 풀이가 문법적으로나 논리·사상적으로 모두 적절하고 타당한 것으로 판단된다. 사실 '지(之)'를 선악 모두를 지칭하는 것으로 본 주자의 견해는 문법적으로도 무리가 있다. '지(識)'는 기억한다, 마음에 새긴다는 뜻이다.

〔참고〕 황간의 주장에서 나온 '호문'이 어떤 것인지 예를 들면 이러하다. 한(漢) 무제(武帝)의 「추풍사(秋風辭)」에서 "난유수혜국유방(蘭有秀兮菊有芳)"은 난초는 꽃을 피우고 국화는 향기를 풍긴다는 게 표면적인 뜻이다. 하지만 이 구절은 사실 '호문'의 기법으로 표현된 것이기 때문에, '난초도 꽃을 피워

향기 풍기고, 국화도 꽃을 피워 향기 풍긴다'는 뜻으로 이해해야 한다.

'지지차'에서 '지지'는 공안국이 '천성적으로 아는 것(天生知之)'으로 풀이하였는데, 그것은 단지 글자그대로 '아는 것'으로만 이해한(이는 주자의 견해를 따른 것으로 보임) 기존 번역에 비하면, 한결 심층적인 뜻풀이로 공자의 본의를 충실히 살려 낸 것이다. 공자는 일찍이 "태어나면서부터 아는 사람이 으뜸이요, 배워서 아는 사람은 버금이며, 곤경을 겪으면서 배우는 사람은 그 다음이고, 곤경을 겪으면서도 배우지 않는 사람은 사람 가운데 최(最)하류다.〔生而知之者, 上也; 學而知之者, 次也; 困而學之, 又其次也; 困而不學, 民斯爲下矣〕"〈「계씨」〉라고 하였는데, '천성적으로 아는 것'은 바로 '태어나면서부터 아는 것'을 말한다. 그리고 이 문제의 구절에서 공자가 말하는, '많이 듣고 보면서 좋은 것을 골라 따르고 기억하면서 진리를 아는 것'은 곧 '배워서 아는 것'이다.

사람이 지식과 지혜를 얻는 유형은 '생이지지(生而知之)'와 '학이지지(學而知之)', '곤이지지(困而學之)' 세 가지가 있다는 게 공자의 생각이다. '생이지지'는 과연 그런 천재적인 사람이 있을까 회의가 앞서는 지극히 특수한 유형이라면, '곤이지지'는 매우 공감이 가는, 그러나 그다지 일반적이지는 않은 유형이다. 대부분의 사람들이 갈, 가장 보편적인 길은 바로 '학이지지'다. 심지어 공자도 스스로 이르기를 "나는 결코 태어나면서부터 인생의 진리를 안 사람이 아니며, 단지 옛것을 좋아하여 급급히 탐구해 터득한 사람일 뿐이다.〔我非生而知之者, 好古, 敏以求之者也〕"〈「술이」〉라고 하며, '학이지지자(學而知之者)'임을 자부하였다. 공자가 평생 사람들에게 가장 많이 강조한 것은 바로 호학(好學), 즉 배우기를 좋아하라는 것이었다.

○ 편당(偏黨)을 짓는다?

陳司敗問: "昭公知禮乎?" 孔子曰: "知禮." 孔子退, 揖巫馬期而進之, 曰: "吾聞君子不黨, 君子亦黨乎?"

진사패문: "소공지례호?" 공자왈: "지례." 공자퇴, 읍무마기이진지, 왈: "오문군자부당, 군자역당호?"

진나라 사패가 여쭈었다. "노나라 소공은 예(禮)를 아셨습니까?" 공자께서 말씀하셨다. "예를 아셨습니다." 공자께서 물러가시자, 진나라 사패가 무마기에게 읍(揖)하고, 그를 가까이 다가오게 한 후 말하였다. "내가 듣기로는, 군자는 다른 사람을 두둔해 허물을 숨기게 하지 않는다고 하는데, 군자도 허물이 있는 사람을 두둔하는가?"

이 대화의 배경은 이러하다. 『좌전(左傳)』「소공(昭公) 5년」의 기록에 따르면, 노 소공은 외교상 "예에 어긋남이 없는〔無

失禮]" 처신으로 진(晉)나라 임금으로부터 "예에 밝다[善於禮]"는 평가를 받기도 하였다. 아마 이 같은 연유로 당시 사람들 사이에는 소공이 '예를 아는' 임금이라는 평판이 났던 것으로 보인다. 하지만 진(陳)나라 사패(司敗, 사법부 장관)는 그 같은 평판에 결코 동의할 수가 없었다. 왜냐하면 소공은 오나라 왕실의 여인을 부인으로 맞았고, 그것은 누가 봐도 '동성불혼'의 예법을 어긴 처사였기 때문이다. 한데 공자는, 소공이 예를 안 임금이었는지를 묻는 진 사패의 질문에 '예를 알았다'고 분명히 말하였다. 이에 진 사패는 당시 군자의 표상이었던 공자가 소공의 '실례(失禮)'를 덮으려고 한다는 의혹까지 품은 것이다. (공자의 심중은 여기서는 자세히 논하지 않기로 함)

여기서는 '당(黨)' 자(字)의 뜻풀이를 한번 살펴보고자 한다. 기존 번역은 이를 흔히 '편당을 짓는다'고 옮기고 있다. 물론 그 또한 하나의 충실한 축어역(逐語譯)으로 문의를 이해하는 데 큰 문제는 없다. 하지만 한글 표현 및 어감상(語感上) 해당 글자의 함의를 전후 문맥에 맞게 신축적으로 풀어내고 드러내지 못했다는 지적은 피하기 어렵다. 여기서 '당'은 당동벌이(黨同伐異)의 '당'과 같은 뜻이다. 이를 공안국은 남이 과오를 숨기는 것을 도와주는 것이라고 풀이하였는데, 문맥적 의미를 제대로 살려 낸 탁견이다. 그에 근거하면 '당'은 곧 역성듦, 두둔함, 편듦으로 이해된다. 그리고 행간에 숨은 뜻을 드러내어 해당 구절을, "군자는 다른 사람을 두둔해 허물을 숨기게 하지 않는다고 하는데, 군자도 허물이 있는 사람을 두둔하는가?" 정도로 옮기면 한결 자연스럽고 적절하지 않을까?

8. 태백편(泰伯篇)

○ 천하를 가지시고도 사사로이 관여치 않으셨다?

巍巍乎, 舜禹之有天下也, 而不與焉!

외외호, 순우지유천하야, 이불여언!

승고하도다, 순임금과 우임금께서는 천하를 차지하셨지만 결코 스스로 구(求)하지는 아니하셨나니!

여기서는 공자가 말한 '불여언(不與焉)'의 의미가 무엇인지 꼼꼼히 따져 풀이할 필요가 있다. 이에 대해서는 역대로 다양한 풀이가 있어 왔다. 첫째, 하안과 형병 등은 순·우임금이 스스로 천하를 구하지 않았는데도 절로 얻게 되었음을 두고 이른다고 하였다. 둘째, 한대(漢代) 왕충(王充)과 청대(淸代) 모기령(毛奇齡)은 순·우임금이 천하를 다스림에 있어 나랏일을 직접 돌보지 않고, 현능한 인재를 등용해 중책을 맡겼음을 이른다고 하였다. 셋째, 주자는 순·우임금은 천하를 다스리는 일에 상관하지 않으며, 제위를 별로 즐겁게 여기지 않았음을 이른다고 하였다. 항간의 기존 번역은 대개 주자의 풀이를 따라 '천하를 가지시고도 사사로이 관여치 않으셨다'로 옮기고 있다. 넷째, 황간은 공자가 순·우 두 임금과 같은 시대를 살지 못한 것을 한탄함을 이른다고 하였다. 다섯째, 청대(淸代) 팽대수(彭大壽)는 순·우 임금이 천하를 사유(私有)로 여기거나 그 이득을 향유하지 않았음을 이른다고 하였다.

이상 여러 풀이 가운데 뒤의 네 가지 견해는 모두 순·우임금뿐만 아니라 요임금도 해당이 되는 내용들이다. 반면 첫 번째 하안의 견해는 제왕(帝王) 제곡(帝嚳)의 아들로 제위를 이어받은 요임금과는 무관한 것이다. 그렇다면 상고시대 삼대(三大) 성군(聖君) 가운데, 공자가 굳이 순·우 두 임금만을 들어 찬미한 까닭이 있지 않을까? 그것은 필시 왕위 찬탈이 난무한 당시의 세태를 풍자하려 했던 것으로 추측된다. 그렇게 볼 때 가장 따를 만한 것은 바로 하안의 견해다. '여'는 참여함을 뜻한다. '언'은 '어지(於之)'와 같은데, '지'는 곧 천하를 차지하기 위한 노력을 이른다.

공자의 시대에는 전반적으로 정국은 불안하고 사회는 혼란한 가운데 임금을 죽이고 왕위를 찬탈하는 일이 심심찮게 일어나곤 하였다. 여기서 우리는 바로 그 같은 세태를 은근히 풍자하고 비판하고자 한 공자의 마음을 읽을 수 있어야 한다. 공자는 "순·우임금이 천하를 차지한 것은 자신의 공덕에 힘입어 선양을 받은 것이며, 결코 천하를 구하는 데 스스로 참여하여 얻은 것이 아님〔舜禹之有天下, 自以功德受禪, 不與求而得之〕"(형병의 말)을 강조하고 찬미함으로써, 당시 무지하고 부덕

(不德)하면서도 참람히 야심을 버리지 않는 무리들을 경계코자 한 것이다.

9. 자한편(子罕篇)

○ 드물게 말씀하셨다?

子罕言利與命與仁.
자한언이여명여인.

공자께서 이익과 천명과 인(仁)에 대해 스스로 말씀하시는 경우는 드물었다.

여기서 논란이 되는 것은 '한언(罕言)'의 함의다. 기존 번역은 대개 '드물게 말씀하셨다'고 옮기고 있으니, 곧 좀처럼 말씀하지 않으셨다는 뜻으로 이해한 것이다. 하지만 그것은 재론의 여지가 있다.

『논어』 전권(全卷)에서 공자가 '이(利, 이익)'와 '명(命, 천명)'에 대해 말한 것은 각각 여섯 차례와 일곱 차례로 분명 적은 편이다. 반면에 공자가 '인'에 대해 말한 것은 아주 많아서 쉰아홉 차례에 달하는데, 이를 '드물게' 말했다고 할 수 있는지 의아하다. 이 구절에 대한 후세의 풀이가 분분한 것은 바로 그 때문이다.

금대(金代) 왕약허(王若虛)나 청대(淸代) 사승조(史繩祖)는 '여(與)'를 '허(許)', 즉 허여(許與)함 · 칭찬함 · 찬미함으로 풀이하였으니, 이 구절은 곧 "공자께서 '이'는 드물게 말씀하셨으나, '명'을 찬미하고 또 '인'을 찬미하셨다."는 뜻이 된다. 청대 황식삼(黃式三)은 '한(罕)'을 '헌(軒)'의 가차(假借)로 보고 '현(顯)', 즉 드러낸다는 뜻으로 풀이해야 한다고 하였으니, 이 구절은 곧 "공자께서는 아주 분명하게 '이'와 '명'과 '인'에 대해 말씀하셨다."는 뜻이 된다. 하지만 이 같은 풀이는 아무래도 견강부회한 감을 지우기 어렵다.

반면에 우리의 주목을 끄는 주장을 한 이가 있으니, 바로 정수덕(程樹德)이다. 그는 이 구절을 풀이한 많은 사람들이 '언(言)' 자의 뜻을 제대로 이해하지 못하고 있는데, 여기서 '언'은 '자언(自言)', 즉 (다른 사람을 가르치기 위해) 스스로, 자발적으로 말한다는 뜻이라고 하였다. 곧 "사람이 사사로운 이익을 좇아 행동하면, 허다히 남에게 원망을 사게 된다.〔放於利而行, 多怨〕" "소인은 사리(私利)에 밝다.〔小人喩於利〕"〈「이인」〉 "군자는……천명을 두려워한다.〔君子……畏天命〕"〈「계씨」〉 "천명을 알지 못하면 군자가 될 수 없다.〔不知命, 無以爲君子也〕"〈「요왈」〉 "우리가 진정 인하고자 하면 곧 인이 다가올 것이다.〔我欲仁, 斯仁至矣〕"〈「술이」〉 "인을 행할 때는 스승에게도 양보하지 않는다.〔當仁, 不讓於師〕"〈「위영공」〉 등과 같이, 『논어』에서 공자가 '이'·'명'·'인' 세 가지를 스스로 말한 경우는 얼마 되지 않는다는 말이다. 이는 매우 적절하고 타당한 풀이로, 양보어

권, 왕시위엔 등도 모두 이에 동의하였다.

사실 『논어』에서 어떤 말이 언급된 빈도는 하나의 참고 자료에 불과할 수 있다. 『논어』 이외에 『좌전(左傳)』이나 『예기(禮記)』, 『효경(孝經)』을 비롯한 적잖은 고서(古書)에도 공자의 말이 다수 기록되어 전해지고 있는데, 그 모두를 다해도 공자가 평소 말한 내용의 전모라고 보기는 어렵다. 아무튼 『논어』만을 놓고 볼 때, '인'에 대한 언급은 분명 적지 않으나, 그 대부분은 공자가 제자의 질문에 답한 것이다. 아마도 제자들은 오랜 경험을 통해, 스승께서 이 세 가지에 대해 스스로 설명을 해 주시는 경우가 드물다는 것을 알게 되었을 것이다. 이에 공자 학설의 핵심인 '인'에 대한 궁금증이 많았던 제자들은 향학의 열정으로 너도나도 질문을 하였고, '인'에 대한 공자의 설명을 어렵게 듣게 된 제자들은 하나같이 기꺼운 마음으로 그 귀한 가르침을 가슴에 새기며 '온고지신'의 노력을 다하였을 것이다. 『논어』에 '인'에 대한 공자의 언급이 많이 기록된 것은 아마도 이 같은 연유에서 비롯된 것이리라.

○ 폭넓게는 배웠지만 어느 한 분야에서도 명성을 이루지는 못하였구나?

達巷黨人曰: "大哉, 孔子! 博學而無所成名."

달항당인왈: "대재, 공자! 박학이무소성명."

달항 고을 사람이 말했다. "위대하도다, 공자시여! 학식이 넓고도 풍부하여 특정한 한 가지 기예(技藝)로 명성을 얻지 않으셨도다."

여기서는 '박학이무소성명(博學而無所成名)'의 뜻풀이에 유의해야 한다. 이는 흔히 "위대하도다, 공자여! 폭넓게는 배웠지만 어느 한 분야에서도 명성을 이루지는 못했구나."의 뜻으로 풀이한다. 그것은 곧 '대개 그 학식이 넓음을 찬미하면서도 한 가지 기예(技藝)의 명성을 얻지 못하였음을 애석해 한 것'으로 풀이한 주자의 견해를 따른 것이다. 하지만 그 같은 풀이는, "위대하도다, 공자시여!"란 탄사(歎辭)의 의미나 어감과 부조화를 이룬다는 문제점이 있다. 그것은 접속사 '이(而)'를 역접으로 본 결과인데, 여기서 '이'는 순접으로 보는 것이 옳다. 결국 이 구절은 '실로 박학하여 특정한 한 가지 기예로 명성을 얻지는 않았다'는 뜻으로 이해해야 한다. 이는 찬탄을 극한 말이지, 결코 애석해 한 말이 아니다. 정현과 황간 등이 모두 이같이 풀이하였으며, 다산도 "'대재(大哉)' 두 글자는 유감스러움이 없는 말이거니, 어찌 애석해 하는 뜻이 있겠는가?"라고 하였다.

공자는 일찍이 "군자는 그릇처럼 특정한 기능과 역할에 국한되지 않는다.〔君子不器〕"〈「위정」〉라고 하였다. 모름지기 군자는 어떤 한 가지 전문 지식이나 기예에 정통하는 데에 그치지 않고, 다방면적이고 전면적인 학식과 재능을 갖추어 그야말로 무소불통(無所不通)하고 무소불능(無所不能)한 경지에 이르러야 함을 강조한 것이다. 달항 고을 사람은 진정 박학다재(博學多才)하여 한두 가지 기예로 명성을 얻는 수준을 훨씬 넘어선, 공자의 '불기(不器)함'에 최고의 찬사를 보낸 것이다.

○ 비천한 사람이 아무리 어리석더라도?

吾有知乎哉? 無知也. 有鄙夫問於我, 空空如也, 我叩其兩端而竭焉.

오유지호재? 무지야. 유비부문어아, 공공여야, 아고기양단이갈언.

내가 아는 게 무엇이 있겠느냐? 아는 게 별로 없다. 하지만 만약 어떤 비천한 사람이 나에게 질문을 한다면, 설령 머리가 텅 빈 듯 전혀 아는 게 없더라도, 나는 그 본말을 캐물어 최대한 내 나름의 생각을 자세히 일러줄 것이다.

이 구절은 물론 공자가 한 말로, 그 가운데 '공공여(空空如)'가 누구를 겨냥한 말인지가 논란거리다. '공공여'란 공허한 모양을 나타내는데, 여기서는 머리가 텅 빈 듯 아무것도 아는 게 없는 모양을 형용한다. 항간의 풀이는 이를 대개 공자에게 질문을 하는 '비부(鄙夫)', 즉 비천한 사람의 무지를 두고 이르는 말이라고 보는 경향이 있다. 하지만 '비부'란 본시 인품이 비루하고 식견이 천박한 사람이거늘 굳이 그처럼 유사한 뜻의 말을 거듭할 필요가 있을까?

여기서 '공공여'는, 앞에서 공자가 스스로 "내가 아는 게 무엇이 있겠느냐? 아는 게 별로 없다."라고 한 말과 문맥이 닿아 있음을 알아야 한다. 다산이 이를 공자가 앞에서 무지하다고 한 말의 실상을 밝힌 것으로 본 것은 바로 그 때문이다. 요컨대 이는 공자가 당신의 무지를 겸양해 이른 말이다.

공자는 일찍이 당신은 결코 '생이지지자(生而知之者)'가 아니라 '학이지지자(學而知之者)'일 뿐임을 강조하였다.(「술이편」 참조) 이는 당시에 공자를 무소부지(無所不知)의 성인군자로 경앙(景仰)하는 분위기가 있었다는 방증이다. 이 구절 또한 같은 배경에서 한 말로 추정되는데, 공자의 겸사(謙辭)가 지나치다는 느낌마저 든다. 한데 여기서 우리는 그 지식의 유무나 다소(多少)를 떠나 한껏 겸허하면서도 열성적인 공자의 교학(敎學) 태도를 엿보기에 모자람이 없다. 공자는 비천한 사람이 묻는 사소한 질문에도 결코 가벼이 응대하지 않았다. 더욱이 "설령 머리가 텅 빈 듯 전혀 아는 게 없더라도" 당신의 식견을 총동원해 그 본말을 캐물어 문제의 핵심에 대한 이해를 높이고,

나름의 생각과 견해를 정리한 후, 최대한 자세히 설명을 해줄 것임을 분명히 하였다. 사람들은 아마 이처럼 겸허히 배우고 열심히 가르치는 모습을 보고, 공자는 무소부지하다고 여겼을지도 모른다.

○ '후생(後生)'이 후배이고, 뒤에 난 사람일까?

後生可畏, 焉知來者之不如今也? 四十五十而無聞焉, 斯亦不足畏也已.

후생가외, 언지내자지불여금야? 사십오십이무문언, 사역부족외야이.

젊은이는 두려운 존재거니, 그들의 미래가 어찌 현재만 못할 것이라 단정하랴? 사람이 마흔 살 쉰 살이 되어서도 명성이 나지 않는다면, 그런 사람은 두려워할 만하지 않다.

이는 공자의 그 유명한 '후생(後生)은 가외(可畏)라!'란 말의 출처다. 여기서는 '후생'이 과연 어떤 사람을 가리키는지, 그리고 '내자(來者)'와 '금(今)'이 누구를 또는 무엇을 말하는지 꼼꼼히 따져서 풀이해야 한다. 먼저 '후생'을 보면, 항간의 기존 풀이는 대개 후배나 뒤에 난 사람이란 뜻으로 옮기고 있다. 하지만 후배나 뒤에 난 사람이란 상대적인 개념으로, 화자에 비해 나이가 적은 경우면 모두 해당이 되는 것이니, 쉰 살일 수도 있고, 예순 살일 수도 있다. 공자가 뒤에 이어지는 구절에서 "사람이 마흔 살 쉰 살이 되어서도…"라고 한 것과 연관시켜 보면, 기존 풀이는 전후 문맥상 타당치 않음을 알 수 있다. 한마디로 이 구절은 공자가 '젊은이', 곧 청소년들을 겨냥해 한 말로 이해해야 한다. '후생'을 하안을 비롯해 황간, 형병이 모두 '연소(年少)', 즉 나이 어린 사람이라고 풀이하고, 장거정(張居正)이 '소년(少年)'으로, 왕시위엔이 '청년(靑年)'으로 각각 풀이한 것은 바로 그 때문이다.

'내자'는 앞으로 오는 사람 곧 '후생'을 가리키고, '금'은 '나(공자)의 지금', 또는 '지금 사람' 곧 공자 본인이나 당시의 뭇 어른들을 지칭하는 것으로 이해하는 게 기존 번역의 일반적인 경향이다. 물론 그 같은 이해 또한 나름의 논리가 있을 것이다. 하지만 '언지내자지불여금(焉知來者之不如今)'과 그 전후의 문맥적 의미를 곱씹어 보노라면, '내자'의 '자'는 사람을 뜻하는 말이 아니라, '오는 것'·'미래라는 것'이란 뜻으로, 곧 '후생'의 미래를 강조하는 말로 이해해야 한다. '내자'를 황간이 '미래의 일'로, 주자가 '그들의 장래'로 풀이한 것은 바로 그 때문이다.

그뿐만 아니라 '내자'와 '금'은 모두 '후생'을 두고 한 말로, 각각 그들의 미래와 현재를 이르는 것으로 이해된다. 기존 번역은 사실 형병과 주자 등이 '금'을 '나의 지금', 즉 공자의 현재를 뜻하는 것으로 풀이한 데에 따른 것이다. 한데 그 같은 풀이는 결국 원문에는 없는 '아(我)' 자(字)를 덧붙여 이해한 것으로, 원문의 문맥에도 맞지 않는다. 그것은 뒤에 이어지는 '사십오십(四十五十)~' 역시 '후생'을 두고 한 말임을 보면 더욱 그렇다. 아무튼 공자는 곧 '젊은이'의 앞날은 참으로 원대하여 장차 어떤 발전이 있을지 예측하기 어렵다는 생각을 하고 있을 따름이며, 여기서 젊은이를 어른들과 비교하려는 의도를 가지고 있지는 않다고 생각된다. 한편 '언지(焉知)'의 '지'는 단정한다는 뜻으로 확대 해석해 한글 표현에 자연스러움을 더하는 것이 낫다.

10. 향당편(鄕黨篇)

○ 집에서는 모양을 내지 않으셨다? 엄숙하지 않으셨다?

寢不尸, 居不客.
침불시, 거불객.

주무실 때는 시체처럼 꼿꼿이 눕지 않으시고, 댁에서 계실 때는 손님처럼 생활 예절과 규범을 깍듯이 하지는 않으셨다.

이는 공자의 평소 집 안 생활 모습의 일단을 묘사한 것이다. 여기서 문제가 되는 것은 '거불객(居不客)'이다. '객' 자가 통행본에는 본디 '용(容)'으로 되어 있으나, 후세의 고증(아래 참조)에 근거해 '객'으로 바로잡았다. 기존 번역은 통행본에 따라 '용'을 '모양을 내지 않으셨다'거나 '엄숙하지 않으셨다'는 뜻으로 옮기고 있다. '용'은 의용(儀容), 즉 몸을 가지는 태도나 차린 모습을 중시함이니, '불용(不容)'이라 함은 곧 몸가짐이나 몸의 차림에 별로 신경을 쓰지 않았다는 뜻이다. 하지만 이는 「술이편」에서 "공자께서는 댁에서 한가로이 지내실 때에도 풍모에 위엄이 있어 경외감을 불러일으켰고, 안색은 온화하고 편안하셨다.〔子之燕居, 申申如也, 夭夭如也〕"라고 한 것과는 전혀 맞지 않는 모습이라 수긍되기 어렵다.

한데 하안의 『집해(集解)』에 수록된 전한(前漢) 공안국의 주(注)에서는 '위실가지경난구(爲室家之敬難久)', 즉 집에서 가족과 함께 지내면서 시종일관 마치 손님처럼 공경히 처신하기는 어렵다는 뜻을 피력하였으니, 전한 당시 공안국이 본 판본에는 분명 '거불객'으로 되어 있었을 가능성이 크다. 그리고 당대(唐代) 육덕명(陸德明)은 『경전석문(經典釋文)』에서 '용'을 '객'으로 바로잡았고, 또 『당석경(唐石經)』에도 '용'이 아니라 '객'으로 되어 있다. 이에 청대(淸代) 장림(臧琳)은 『경의잡기(經義雜記)』에서 공자 같은 군자가 집에서 한거(閑居)할 때라고 하여 몸가짐을 함부로 했다고 보기 어렵다는 이유를 들며, 마땅히 육덕명을 따라 '객'으로 써야 한다고 하였다.

사실 '용' 자와 '객' 자는 글자 모양이 비슷해 자칫하면 착오를 일으켜 와전될 소지가 다분하다. 그뿐이 아니다. '침불시(寢不尸)'는 곧 '침불여시(寢不如尸)'의 뜻이니, '거불객(居不客)' 또한 응당 '거불여객(居不如客)'의 뜻이어야 한다. 다시 말해 '시'와 '객'은 모두 구체명사(具體名詞)로서 '주무실 때는 시체처럼 꼿꼿이 눕지 않으시고, 댁에서 계실 때는 손님처럼 생활 예절과 규범을 깍듯이 하지는 않으셨다.'는 뜻이다. 그러므로 자구(字句) 형식상의 일치라는 측면에서도 '용'보다는 '객'으로 쓰는 것이 마땅하다.

공자는 안식의 터전인 집에 있을 때는, 마치 손님 행세를 하거나 손님 대접을 하듯이 예절 규범을 엄격히 하면 모두가 피곤할 것을 우려해, 가능한 한 온화하고 편안한 분위기를 조성한 것으로 보인다.

○ 자로가 까투리를 잡아서 바치자, 공자께서 세 번 냄새를 맡고 일어나셨다?

色斯擧矣, 翔而後集. 曰: "山梁雌雉, 時哉時哉!" 子路共之, 三嗅而作.

색사거의, 상이후집. 왈: "산량자치, 시재시재!" 자로공지, 삼후이작.

사람들의 기색이 심상치 않자, 꿩들이 갑자기 날아올라 빙빙 돌다가 다시 한 곳에 내려앉았다. 공자께서 말씀하셨다. "산골짝 개울 다리 위의 까투리가 때를 참 잘 아는구나, 때를 참 잘 알아!" 자로가 꿩들을 향해서 두 손을 마주 잡고 예를 표하자, 몇 번 힘차게 날개를 치더니 날아가 버렸다.

이 구절은 예로부터 사람들이 독해에 어려움을 겪으면서, 일련의 상이한 풀이를 낳았다. 또한 그 때문에 사람들로부터 '이 전후(前後)에 필시 빠진 글자나 구절이 있을 것'(주자의 말)

이라는 의심을 받기도 한다. 항간의 기존 번역은 대개 이러하다. "새들이 사람의 기색을 살피다가 날아올라 빙빙 돌며 아래를 본 후 내려앉았다. 공자께서 말씀하셨다. '산간 다리 위 까투리가 때(제철)를 만났구나! 때를 만났구나!' 자로가 그 까투리를 잡아 (삶아서) 바치자, 세 번 냄새를 맡으시고 일어나셨다." 이는 곧 주자의 풀이를 따른 것인데, 사실 주자는 또 하안과 황간, 형병으로 이어지는 역대 저명 주석가의 견해를 취하였다. 한데 이 같은 기존 풀이는 아무래도 억지스러운 데가 있어 쉽게 수긍이 되지 않는다.

여기서 '시재(時哉)'는 공자가 꿩들이 그때그때의 형세를 잘 살펴 날아오르거나 내려앉는 것을 보고 찬탄한 것으로 이해된다. 항간의 '때(제철)를 만났다'는 번역은 그 문맥적 의미가 모호한 데다 생뚱하기까지 하다. 자로가 꿩들을 향해 예(禮)를 표한 것은 곧 공자의 찬탄에 적극 호응한 것이다. '공(共)'은 「위정편」 "중성공지(衆星共之)"의 '공'과 마찬가지로, 공(拱)과 같다. 여기서는 공수(拱手), 즉 두 손을 모아 잡고 예를 표한다는 뜻이다. 항간의 '그 까투리를 잡아 (삶아서) 바쳤다'는 번역은 '공(共)'을 공(供), 즉 (물건을) 바친다 · 올린다는 뜻으로 이해한 데에 따른 것이다. 그리고 그것은 또 뒤의 '후(嗅)', 즉 냄새를 맡는다는 말에 영향을 받은 것이다. 하지만 여기서 '후'는 '격(狊)' 자(字)가 와전되어 굳어졌을 가능성이 매우 크며, 그 뜻은 새가 날개를 펴다, 곧 날기 위해 날개를 친다는 말이다. 이는 주자가 『집주』에서 소개한, 유빙군(劉聘君)이 『이아(爾雅)』에 근거해 '후'는 응당 '격(狊)'으로 써야 한다고 한 풀이에 의거하고 있는데, 양보어쥔과 왕시위엔 등도 모두 이에 동의하였다. '삼(三)'은 여기서는 꼭 세 번이라기보다는 몇 번, 여러 번을 뜻한다.

이 구절이 분명 난해하기는 하나, 대략 위와 같이 풀이하면 그래도 무난하지 않을까? 공자는 곧 새들이 시세(時勢)를 잘 살펴 날아오르거나 내려앉는 것을 보고, 사람도 그와 같이 진퇴(進退)와 거취(去就)를 시의(時宜)에 맞게 할 줄 알아야 함을 일깨운 것이다.

11. 안연편(顔淵篇)

○ 하루라도 자기를 이겨내고 예로 돌아가면, 천하가 인(仁)에 귀의할 것이다?

顔淵問仁. 子曰: "克己復禮爲仁. 一日克己復禮, 天下歸仁焉.

안연문인. 자왈: "극기복례위인. 일일극기복례, 천하귀인언.

안연이 인(仁)을 어떻게 행해야 하는지를 여쭙자, 공자께서 말씀하셨다. "자신의 사사로운 욕망을 이기고 모든 언행을 예(禮)의 규범에 맞게 하는 것이, 바로 인을 행하는 것이다. 만일 누구든 장차 언젠가 자신의 사사로운 욕망을 이기고 모든 언행을 예에 맞게 하게 되면, 천하 사람들이 모두 그를 인(仁)하다고 칭송할 것이다.

이는 그 유명한 '극기복례'란 말의 출처다. 여기서는 '일일극기복례, 천하귀인언'이 무슨 의미인지가 논란거리다. 항간의 풀이는 대개 '하루라도(또는 어느 날) 자기를 이겨내고 예로 돌아가면, 천하가 인에 귀의할 것이다.'라고 옮긴다. 하지만 그 같은 번역은 논리·사상적으로 심각한 문제를 안고 있다.

인(仁)은 공자 사상의 핵심 개념으로, 학문 도덕의 최고 표준이자 이상(理想) 형상이다. 그러므로 공자는 "만약 나를 성인이나 인자라고 한다면, 내 어찌 감히 그 같은 명예를 감당하겠느냐?〔若聖與仁, 則吾豈敢〕"〈「술이」〉라고 하며, 당신 스스로도 그 기준에 미치지 못했음을 천명하였을 뿐만 아니라, 가벼이 '인'함을 들어 다른 사람을 칭찬하지도 않았다. 하여 수제자 안연에 대해서도 단지 "그 마음이 오래도록 인을 떠나지 않는다.〔三月不違仁〕"고 하고, 나머지 제자들은 겨우 "하루나 한 달 정도 인에 이를 뿐〔日月至焉而已矣〕"〈「옹야」〉이라고 할 따름이었다. 그런데 안연이나 다른 어떤 사람이 '단 하루만이라도(이를 어느 날이라고 옮기는 것은 그래도 좀 낫다) 자기를 이겨내고 예로 돌아가면, 그로 인해 온 천하가 다 인에 귀의할 것'이라는 게 과연 가능한 얘긴가? 공자의 논리나 사상에 비춰 볼 때, 그것은 그야말로 얼토당토않은 말이다.

여기서 '일일(一日)'은 장차 언젠가, 곧 (일상생활 속에서 꾸준히 노력을 하여) 장차 마침내 어느 하루 ~하게 되면'의 뜻이다. 이를 흔히 하루만이라도의 뜻으로 풀이하는 것은 그 문맥적 함의를 제대로 풀어 내지 못한 것이다. 그리고 '귀인(歸仁)'은 인(仁) 혹은 인자(仁者)의 아름다운 이름을 그에게 귀속시킨다는 뜻이니, 곧 그를 인하다고, 혹은 인자라고 칭송한다는 말이다. 주자가 '귀'를 '여(與)', 즉 허여(許與, 마음으로 허락하여 칭찬함)한다는 뜻으로 풀이한 것도 같은 맥락으로 이해된다. 이를 흔히 '(천하가) 인에 귀의한다거나 인으로 돌아간다'는 뜻으로 풀이하는 것은, 논리의 비약이 심하다 못해 어불성설의 지경에 이르렀다고밖에 할 수 없다. 어떤 한 사람이 단 하루 동안 '극기복례'한다고 하여, 어떻게 온 천하가 다 인에 귀의할 수 있단 말인가?

○ 한쪽 말만 듣고 옥사를 판결한다?

子曰: "片言可以折獄者, 其由也與?" 子路無宿諾.
자왈: "편언가이절옥자, 기유야여?" 자로무숙락.

공자께서 말씀하셨다. "몇 마디 간단한 말로 소송 사건을 판결할 수 있는 사람은 아마도 유(자로)이겠지?" 자로는 평소 다른 사람에게 승낙한 일을 미루는 법이 없었다.

여기서 공자의 말은 송사(訟事) 판결을 예로 들어 명철(明哲)하면서도 과단성 있는 자로의 자질과 능력을 칭찬한 것이다. 한데 소위 '편언(片言)'을 어떻게 이해해야 할까? 주의를 집중할 필요가 있다. 이를 공안국은 한쪽의 말로 이해한 반면, 주자는 반 마디 말, 곧 할 말의 절반을 이르는 것으로 풀이하였다. '자로는 충성스럽고 신실하며 명철하고 과단(果斷)하였으며, 그런 까닭에 그가 말을 하면 사람들은 그 말이 다 끝나기를 기다리지도 아니하고 곧바로 그대로 믿고 따랐다.' 주자의 설명이다.

항간의 기존 번역은 대체로 공안국이나 주자의 견해를 따르고 있는데, 이론의 여지가 다분하다. 한번 생각해 보자. 자로가 소송 당사자 일방의 말만 듣고 다른 일방의 말은 듣지 않는다면, 어떻게 사건을 공정하게 판결할 수 있으며, 또 어떻게 소송 당사자들을 설복할 수 있겠는가? 그리고 원고나 피고가, 자로가 판결하는 말을 절반만 듣고 어떻게 그 판결의 취지 전반을 이해하고, 또 수긍할 수 있겠는가? 이 같은 풀이는 상식적, 논리적으로 도저히 납득하기 어려운 모순을 안고 있다. 요컨대 여기서 '편언'은 왕시위엔이 이른 대로 편언척어(片言隻語), 즉 몇 마디 간단한 말을 뜻하는 것으로 이해해야 한다. '요언불번(要言不煩)'이라 하였던가? 요점을 잡아 명료하게 하는 말은 장황하지 않는 법이다.

한편 '자로무숙락(子路無宿諾)'은 흔히 공자가 한 말로 이해하는 경향이 있으나, 옳지 않다. 그것은 『논어』 편찬자가 공자의 앞 말과 관련이 있다고 생각하여 자로의 평소 습성을 덧붙여 기록해 놓은 것이다. 『논어』에서 보면, 공자는 제자를 일컬을 때 반드시 그 이름을 부르지, 결코 자(字)를 부르지 않았다.

공자는 "자로가 과감하고 결단력이 있다.〔由也果〕"〈「옹야」〉고 칭찬한 적이 있는데, 여기서 바로 그 일단을 보게 된다. 자로가 소송 사건을 판결할 때는 단 몇 마디만으로도 간단히, 죄인이 억지 주장을 접고 깊이 뉘우치게 할 수가 있었다. 예나 지금이나 장황한 판결 설명에도 불구하고 소송 당사자들이 수긍하지 않는 경우가 적지 않는 것을 생각하면, 이는 분명 뛰어난 능력이다. 또한 승낙한 말을 묵히는 일 없이 즉각 실행했다는 것은 그 말에 얼마나 무게가 실려 있고, 신의가 두터웠는지를 짐작케 한다. 자로가 간단한 말로 사건을 판결할 수 있었던 데는 바로 그 같은 품성이 크게 작용하였을 것이다.

12. 자로편(子路篇)

○ 위정자가 앞장서 솔선수범하고 몸소 백성을 위해 열심히 일하라?

子路問政. 子曰: "先之勞之."

자로문정. 자왈: "선지노지."

자로가 정치를 어떻게 해야 하는지를 여쭙자, 공자께서 말씀하셨다. "위정자가 먼저 솔선수범하고, 그런 다음에 백성들로 하여금 열심히 일하게 하여라."

여기서는 공자가 과연 정치를 어떻게 하는 게 좋다는 말인지 바르게 이해해야 한다. 소위 '선지노지(先之勞之)'를 항간의 기존 번역은 왕왕 '위정자가 백성들보다 먼저 솔선수범하고 몸소 백성들을 위해 열심히 일하라.'는 뜻으로 옮기고 있다. 그것은 주자의 풀이를 따른 것인데, 왠지 모르게 고개를 갸우뚱하게 한다. 주자는 소씨(蘇氏)의 말을 빌려 이렇게 설명하였다. '무릇 백성들이 행해야 할 덕행(德行)을 위정자가 먼저 솔선수범하면, 정령(政令)을 발하지 않더라도 절로 행해지게 될 것이고, 백성들이 할 일을 위정자가 먼저 열심히 하면, 백성들이 비록 힘들더라도 위정자를 원망하지 않을 것이다.' 하지만

이는 문법적으로는 물론, 논리적으로도 모순이 있다.

'선지'가 위정자의 솔선수범을 말한다는 것은 바른 이해다. 노나라 대부 계씨(季氏)의 가신이던 제자 중궁(仲弓)이 정치하는 방법을 물었을 때, 공자가 가장 먼저 강조한 것도 바로 "부하 관리들에게 솔선수범하라〔先有司〕"〈「자로」〉는 것이었다. 문제는 '노지(勞之)'의 의미다. '노지'의 '지'는 '선지(先之)'의 '지'와 마찬가지로 백성을 가리키는 것으로 보는 게 문법적으로 올바른 풀이다. 또한 백성들이 할 일은 번잡하기 그지없거늘, 위정자가 직접 백성들을 위해 그 일들을 열심히 하는 것이 과연 능사일까? 물론 그렇지 않다. '위정자가 스스로 정도를 걷고 솔선수범하여 언행을 바르게 하면서 백성들을 이끌고 다스린다면, 백성들은 기꺼이 위정자를 본받고 따른다.' 이것이 바로 공자의 정치사상에서 일관되게 강조되는 주장이다. 공자가 『주역(周易)』「태괘(兌卦)」'단전(彖傳)'에서, "군주가 백성들과 즐겁고 기쁘게 더불어 산다는 정신으로 백성들을 이끌어 나가면, 백성들은 아무리 어렵고 힘든 일에도 수고를 마다하지 않고 그 고통을 잊는다.〔說以先民, 民忘其勞〕"라고 한 것도 같은 맥락으로 이해된다.

결론적으로 이른바 '선지노지'는 공안국과 황간이 이른 대로, '위정자가 먼저 백성들에게 덕행과 신의의 모범을 보이고, 그런 다음에 백성들로 하여금 열심히 일하게 하라'는 뜻으로 풀이하는 것이 옳다.

13. 헌문편(憲問篇)

○ 원헌(原憲)의 질문일까 아닐까?

"克伐怨欲不行焉, 可以爲仁矣." 子曰: "可以爲難矣, 仁則吾不知也."

"극벌원욕불행언, 가이위인의." 자왈: "가이위난의, 인칙오부지야."

누군가가 말했다. "어떻게든 남을 이기려 하고, 자신을 과시하며, 남을 원망하고, 스스로 탐욕을 부리는 마음이 일어나지 않게 한다면, 인(仁)하다고 할 수 있다." 공자께서 말씀하셨다. "분명, 하기 어려운 일이라고는 할 수 있으나, 그것이 인한 것인지는 나도 모르겠다."

여기서는 "극벌원욕불행언, 가이위인의"가 앞 장(「헌문편」 제1장)에 나온 원헌의 이어지는 질문인지 아닌지 짚고 넘어갈 필요가 있다. "원헌이 어떤 것이 수치스러운 일인지를 여쭙자, 공자께서 말씀하셨다. '나라에 바른 도가 행해질 때에도 하는 일 없이 녹봉만 받아먹고, 나라에 바른 도가 행해지지 않을 때에도 하는 일 없이 녹봉만 받아먹는 것은 모두 수치스러운 일이다.'〔憲問恥. 子曰: '邦有道, 穀; 邦無道, 穀; 恥也.'〕" 이것이 바로 앞 장의 내용이다.

하안, 황간, 형병 등 역대 저명 주석가들은 모두 이 구절 역시 원헌의 질문이라는 판단하에, 이 장과 앞 장을 합쳐 한 장으로 묶어 놓았다. 주자의 『집주』에서는, 이 장과 앞 장을 두 장으로 나누기는 하였으나, 여전히 이 구절이 원헌의 질문이라는 견해를 덧붙이고 있다. 항간의 기존 풀이는 거의 주자의 견해에 의거하고 있다.

하지만 일본 메이지(明治)시대 타케조에 코우코우(竹添光鴻)의 『논어회전(論語會箋)』에 소개된 일설에서는, "이 구절은 당시에 있던 말이며, 그것을 공자가 평한 것이다. 그러므로 『논어』를 기록 편찬한 사람이 먼저 이 구절을 거론한 것이다. '의(矣)' 자(字)를 보면, 이 구절이 결코 원헌의 질문이 아니라는 것을 알 수 있다."고 하였는데, 아주 일리가 있는 견해로 따를 만하다. 사실 '가이위인의(可以爲仁矣)'와 '가이위난의(可以爲難矣)'는 똑 같은 문형으로 의문문이 아니라 긍정문임을 쉽게 알 수 있다. 또한 『논어』에서 당시 사람들의 말을 먼저 거론한 다음, 공자의 논평을 기술한 예는 이뿐이 아니다.

○ 세상을 잊는 게 과감하지만, 그건 어려울 게 없다?

子擊磬於衛, 有荷蕢而過孔氏之門者, 曰: "有心哉, 擊磬乎!" 旣而曰: "鄙哉, 硜硜乎! 莫己知也, 斯已而已矣. '深則厲, 淺則揭.'" 子曰: "果哉! 末之難矣."

자격경어위, 유하궤이과공씨지문자, 왈: "유심재, 격경호!" 기이왈: "비재, 갱갱호! 막기지야, 사이이이의. '심즉려, 천즉게.'" 자왈: "과재! 말지난의."

공자께서 위나라에서 경을 치고 계셨는데, 어떤 사람이 삼태기를 메고 공자의 거처 문 앞을 지나가다가 말했다. "복잡한 심사(心思)가 묻어나는구나, 경 치는 소리여!" 그리고 잠시 후 그가 다시 말했다. "비루하구나, 땡땡거리는 소리여! 자기를 알아주는 사람이 없으면 그만두고 말 일이러니, '물이 깊으면 아예 옷을 벗고 건널 것이요, 물이 얕으면 그저 옷을 걷고 건널 것이로다.'" 공자께서 말씀하셨다. "말 한번 딱 부러지게 하는구나! 만사를 저리 하면 어려울 게 없겠구먼."

여기서는 "과재! 말지난의.(果哉! 末之難矣)"의 의미가 논란의 대상이다. 이를 황간은 '저 사람이 뭘 모르고 말을 너무 과감히 하니, 설득을 하거나 반박을 하기도 어렵다'는 뜻으로 이해하였고, 주자는 '세상을 그렇듯 과감히 잊어버릴 수 있다면, 사람의 진퇴(進退)에 어려움이 없을 것'이라는 뜻으로 풀이하였다. 한편 항간의 기존 번역은 대개 주자의 견해를 일부(一部) 좇아 '세상을 잊는 게 과감하지만, 그건 어려울 게 없지!'의 뜻으로 옮기고 있다. 하지만 그것은 세상을 과감히 잊어버리는 게 어렵지 않다는 뜻이니, 논리적으로나 사상적으로 공자의 논지(論旨)와는 동떨어진 이야기란 지적을 피하기 어렵다.

아무튼 황간과 주자 양인(兩人)의 견해를 분석해 보건대, 어느 것도 공자의 본의일 만한 충분한 설득력을 가진 풀이는 아닌 것으로 보인다. 다만 전후 문맥상 '과재'의 의미는 황간의 풀이가, '말지난의'의 의미는 주자의 풀이가 각각 보다 자연스럽고 적절하다. 그리고 이에 유월(兪樾) 『군경평의(群經平議)』의 견해를 참고하여 음미해 보면, "과재! 말지난의."는 곧 반어법으로, '어떤 사람'이 공자가 일념으로 추구하는 구세(救世)의 의의와 그 고뇌는 이해하지 못한 채 말을 그처럼 과감하게 하지만, 세상사가 결코 그렇게 간단하지만은 않다는 뜻을 항변한 것으로 판단된다.

공자 당시의 사람들 가운데 일부 사람들은 구세를 위해 고군분투하는 공자를 두고 '안 되는 줄 알면서 굳이 그걸 하려고 드는 사람〔知其不可而爲之者〕'〈「헌문」〉이라고 여기며 몹시 안타까워하였다. 이 세상에 바른 도를 전하고 도탄에 빠진 만백성을 구제하려는 공자의 노력은 그야말로 지난(至難)한 것이었음을 알 만하다.

○ 자기를 수양하여 공경스러워져야 한다?

子路問君子. 子曰: "修己以敬." 曰: "如斯而已乎?" 曰: "修己以安人." 曰: "如斯而已乎?" 曰: "修己以安百姓. 修己以安百姓, 堯舜其猶病諸!"

자로문군자. 자왈: "수기이경." 왈: "여사이이호?" 왈: "수기이안인." 왈: "여사이이호?" 왈: "수기이안백성. 수기이안백성, 요순기유병저!"

자로가 어떻게 해야 군자라고 할 수 있는지를 여쭙자, 공자께서 말씀하셨다. "자기 자신을 수양해 진지하고도 성실히 자신의 본분을 다해야 한다." 자로가 말했다. "그렇게만 하면 됩니까?" 공자께서 말씀하셨다. "자기 자신을 수양해 가까운 사람들을 편안하게 해주어야 한다." 자로가 말했다. "그렇게만 하면 됩니까?" 공자께서 말씀하셨다. "자기 자신을 수양해 천하 만백성을 편안하게 해주어야 한다. 자기 자신을 수양해 천하 만백성을 편안하게 해주는 것은, 아마 요임금이나 순임금도 오히려 그같이 하기를 어려워하셨으리라!"

여기서 풀이에 유의해야 할 것은 우선 '수기이경(修己以敬)'이다. 항간의 기존 번역은 대개 '자기를 수양하여 공경스러워져야 한다.'거나 '경(敬)으로써 자기를 수양하여야 한다.'로 옮기고 있다. 하지만 '공경스러워져야 한다'거나 '경으로써'라는 게 무슨 말인지 그 함의를 명확히 이해하기에 어려움이 있어 논란이 될 수밖에 없다. '수기이경'은 곧 '수기이경(修己而敬)'과 같은 말이며, 따라서 '이경수기(以敬修己)'의 뜻으로 풀이해서는 안 된다. 그것은 아래의 '수기이안인(修己以安人)' 구(句)를 보면 마땅히 그렇게 풀이해야 함을 분명히 알 수 있다. 그뿐만 아니라 '경'은 타케조에와 왕시위엔이 설명한 대로, 내재적인 수양의 조예인 '수기'의 효과가 외재적인 행위와 처사(處事)로 드러나게 되는 덕목으로, 경중(敬重) 즉 공경하고 존중함이며, 여기서는 곧 진지하고도 성실히 자신의 본분과 책무를 다함을 이르는 것으로 이해해야 한다.

그리고 '수기이안인(修己以安人)'의 풀이 또한 주의가 필요한데, 기존 번역은 대개 '자기를 수양하여 (다른) 사람들을 편안하게 해주어야 한다.'로 옮긴다. 한데 '사람들'이나 '다른 사람'이란 어떤 사람을 말하는지 막연한 데다, '수기이안백성(修己以安百姓)'의 '백성'과의 구별에도 의문을 갖게 한다. 이 '인(人)'은 공안국이 구족(九族)과 친구를 이른다고 하였는데, 대략 친족을 비롯한 가까운 사람들을 가리키는 것으로 이해된다. 이러한 풀이와 이해는 곧 유보남이 이른 대로 '수기(修己)'는 '수신(修身)'을 말하고, '안인(安人)'은 '제가(齊家)'를 말하며, '안백성'은 '치국(治國)'·'평천하(平天下)'를 말한다는 데에도 완전히 부합하여 논리·사상적 설득력을 갖는다. 한편 양보어쥔은 고대의 '인' 자(字)는 넓은 의미로는 민중·백성을 뜻하고, 좁은 의미로는 단지 사대부 이상의 높은 벼슬아치만을 가리키며, 여기서는 분명 좁은 의미라는 견해를 피력하였으나, 아무래도 천착한 감이 있는 데다 문맥적 의미 또한 자연스럽지 못해 수긍하기 어렵다.

14. 위영공편(衛靈公篇)

○ 지혜가 그것에 미치더라도? 잘 알더라도?

知及之, 仁不能守之, 雖得之, 必失之. 知及之, 仁能守之, 不莊以涖之, 則民不敬. 知及之, 仁能守之, 莊以涖之, 動之不以禮, 未善也.

지급지, 인불능수지, 수득지, 필실지. 지급지, 인능수지, 부장이리지, 즉민불경. 지급지, 인능수지, 장이리지, 동지불이례, 미선야.

그 지혜가 치국의 이치에 맞는다 하더라도, 인덕(仁德)으로 그것을 지켜 나가지 못하면, 비록 일시적으로 민심을 얻을지라도 반드시 다시 잃게 될 것이다. 그 지혜가 치국의 이치에 맞고 인덕으로 그것을 지켜 나간다 하더라도, 엄정한 태도로 백성을 대하지 않으면, 백성들이 공경하지 않을 것이다. 그 지혜가 치국의 이치에 맞고 인덕으로 그것을 지켜 나갈 수 있으며 엄정한 태도로 백성을 대한다 하더라도, 백성의 동원을 예(禮)로써 하지 않으면, 아직은 나무랄 데가 없지 않다.

여기서 우리가 유의해야 할 것은 열한 번이나 되풀이되는 '지(之)' 자(字)의 뜻풀이다. 먼저 첫머리의 '지급지(知及之)'는 비록 짧은 말이지만, 문맥상의 의의는 대단히 중요하다. 문제는 그 구체적인 함의가 무엇인지 정확히 이해해 풀이하기가 쉽지 않다는 것인데, 관건은 '지(之)'의 문맥적 의미다. '지급지'를 항간의 기존 번역은 흔히 '지혜가 그것에 미치더라도' 또는 '잘 알더라도' 등의 뜻으로 옮기고 있다. 하지만 전자는 '그것'이 무엇을 말하는지 알 길이 없어 애매모호하고(다만 혹자는 '직책'이라는 설명을 덧붙이고 있어 조금은 낫다), 후자는 '지(知)'를 글자 그대로 안다는 뜻으로 풀이하면서 '급지(及之)'의 의미는 소홀히 다루고 있어 자의(字義)나 문의(文義)는 물론 문법상으로도 결정적 결함을 안고 있다. 사실 여기서 '지(知)'는 지(智)와 같다.

공자의 가르침인 이 제시문에는 '지(之)' 자(字)가, '지급지'의 '지(之)' 자(字) 셋을 제외하고도 여덟 개가 더 있는데, 그 각각이 가리키는 것이 무엇인지도 정확히 풀이해야 한다. 그 각각의 의미에 대한 기존 번역의 이해와 풀이에 수긍하기 어려운 부분이 있다는 얘기다.

이 글의 종지(宗旨)를 두고, 형병은 '벼슬자리에 있으며 백성을 대하는 방법〔居官臨民之法〕'을 논하였다고 하였다. 형병은 필시 '지급지'의 '지'를 직위, 벼슬자리를 이르는 것으로 풀이한 포함(包咸)의 견해를 따른 것으로 보인다. 반면 타케조에는 '군주가 행해야 할 도리〔君道〕', 즉 치국(治國)·치민(治民)의 이치를 논했다고 하였다. 두 사람의 견해는 사실상 같은 얘기다. 하지만 전체적인 문맥과 그 의미를 꼼꼼히 따져보면, 타케조에의 설명이 공자의 궁극적 논지를 포괄적이면서도 핵심적으로 압축 표현하고 있어 더욱 설득력 있게 다가온다. 이 같은 견지에서 볼 때, '지급지'와 '능수지(能守之)'의 '지(之)' 각 셋 모두 여섯은 치국 치민의 이치를, 그 나머지 여섯 개의 '지(之)'는 모두 백성을 가리키는 것으로 이해된다. 하여 양보어쥔을 비롯한 일부 학자들이 모두 '수득지, 필실지(雖得之, 必失之)'의 '지'를 직위, 직책을 이르는 것으로 풀이한 것은 아쉬움이 있다. 윗글에서는 세 가지 인과적(因果的) 설명을 통해 '군도(君道)'를 일깨우고 있는데, 궁극적으로 백성을 염두에 두고 있음을 간과해서는 안 된다.

아무튼 이 글은 곧 일국(一國)의 최고 통치자인 군주를 겨냥하고 있으며, 그 근저에는 통치자의 정치적 지위와 권력은 결국 민심의 향배(向背)와 밀접히 연관되어 있다는 관념이 깔려 있다. 그리고 군주를 제외한 그 밖의 다른 위정자나 각급 지도자들의 경우에도 모두 공자의 이 같은 가르침을 준용할 수 있음은 두말할 나위가 없다.

15. 계씨편(季氏篇)

○ 그런 신하는 쓸 데가 없다? — 문제는 이뿐이 아니다!

季氏將伐顓臾. 冉有季路見於孔子曰: "季氏將有事於顓臾." 孔子曰: "求! 無乃爾是過與? 夫顓臾, 昔者先王以爲東蒙主, 且在邦域之中矣, 是社稷之臣也. 何以伐爲?" 冉有曰: "夫子欲之, 吾二臣者皆不欲也." 孔子曰: "求! 周任有言曰: '陳力就列, 不能者止.' 危而不持, 顚而不扶, 則將焉用彼相矣? 且爾言過矣! 虎兕出於柙, 龜玉毁於櫝中, 是誰之過與?" 冉有曰: "今夫顓臾, 固而近於費. 今不取, 後世必爲子孫憂." 孔子曰: "求! 君子疾夫舍曰欲之而必爲之辭. 丘也聞有國有家者, 不患寡而患不均, 不患貧而患不安. 蓋均無貧, 和無寡, 安無傾. 夫如是, 故遠人不服, 則修文德以來之. 旣來之, 則安之. 今由與求也, 相夫子, 遠人不服, 而不能來也; 邦分崩離析, 而不能守也; 而謀動干戈於邦內. 吾恐季孫之憂, 不在顓臾, 而在蕭牆之內也."

계씨장벌전유. 염유계로현어공자왈: "계씨장유사어전유." 공자왈: "구! 무내이시과여? 부전유, 석자선왕이위동몽주, 차재방역지중의, 시사직지신야. 하이벌위?" 염유왈: "부자욕지, 오이신자개불욕야." 공자왈: "구! 주임유언왈: '진력취열, 불능자지.' 위이부지, 전이불부, 즉장언용피상의? 차이언과의! 호시출어합, 귀옥훼어독중, 시수지과여?" 염유왈: "금부전유, 고이근어비. 금불취, 후세필위자손우." 공자왈: "구! 군자질부사왈욕지이필위지사. 구야문유국유가자, 불환과이환불균, 불환빈이환불안. 개균무빈, 화무과, 안무경. 부여시, 고원인불복, 즉수문덕이래지. 기래지, 즉안지. 금유여구야, 상부자, 원인불복, 이불능래야; 방분붕이석, 이불능수야; 이모동간과어방내. 오공계손지우, 부재전유, 이재소장지내야."

계씨가 전유를 정벌하려고 하자, 염유와 자로가 공자를 뵙고 아뢰었다. "계씨가 전유를 상대로 일을 벌이려고 합니다."

공자께서 말씀하셨다. "구야! 그 어찌 너의 잘못이 아니더냐? 전유는 옛날에 선왕께서 동몽산 제사를 주재케 하셨고, 또 그 영토가 우리 노나라 국경 안에 있어 우리나라와 안위(安危)를 함께한 신하의 나라이거늘, 어찌하여 그 나라를 정벌한단 말이냐?" 염유가 말했다. "대부께서 그렇게 하려는 것이지, 저희 두 가신은 아무도 그렇게 하기를 바라지 않습니다."

공자께서 말씀하셨다. "구야! 옛날에 사관(史官) 주임이 이런 말을 했다. '신하된 자는 자신의 힘을 다 바쳐 나라의 발전에 기여할 수 있으면 그 자리에 있고, 자신의 힘으로 어떻게 할 수 없는 난국에 이르면 그 자리에서 물러나야 한다.' 나라의 형세가 위급한데도 도와주지 못하고, 나라의 운명이 기우는데도 붙잡아주지 못한다면, 장차 신하된

자의 보필을 어디에다 쓰겠느냐? 더욱이 (대부가 욕심을 부리는 것이지 너희는 바라는 바가 아니라고?) 너의 그 말도 틀렸다. 호랑이와 코뿔소가 우리에서 뛰쳐나오는 바람에 궤(櫃) 속에 넣어둔 신령한 거북 등딱지와 진귀한 보옥(寶玉)이 망가졌다면, 그것은 누구의 잘못이겠느냐?"

염유가 말했다. "지금 전유는 성곽이 아주 견고한 데다 계씨의 채읍(采邑)인 비 땅에 인접해 있습니다. 그렇기 때문에 만약 지금 점령하지 않으면, 후세에 반드시 자손들의 근심거리가 될 것입니다."

공자께서 말씀하셨다. "구야! 군자는, 그것을 하고 싶다고 솔직히 말은 하지 않으면서, 반드시 또 그 욕심을 감추기 위해 다른 말로 둘러대는, 그런 태도를 미워한다. 내가 듣기로 제후나 경대부는 나라가 가난함을 걱정하기보다는 분배가 고르지 못함을 걱정하고, 인구가 적음을 걱정하기보다는 사람들이 편안치 못함을 걱정해야 한다고 하였다. 대개 분배가 고르면 가난이 문제 되지 않고, 사람들이 화합하면 인구가 적은 게 문제 되지 않으며, 사회가 안정되면 나라가 기울 리 없다. 그렇기 때문에 만약 멀리 떨어져 사는 사람들이 복종하지 않으면, 인의(仁義)・예악(禮樂)의 문교(文敎)와 덕업(德業)을 강화해 그들이 스스로 달려와 귀순하게 하고, 귀순해 온 다음에는 그들을 편안히 살도록 해주어야 한다. 지금 유와 구 너희 두 사람이 대부를 보좌하고 있지만, 먼 곳의 사람들이 복종하지 않는데도 그들을 스스로 달려오게 하지 못하고, 나라가 사분오열해 와해되는데도 굳건히 지키지 못하면서, 오히려 나라 안에서 군사를 동원하려 하고 있다니! 나는 계손씨의 근심이 전유에 있는 것이 아니라, 노나라 임금에게 있을까 염려하는 것이다."

여기서 그 뜻풀이에 심혈을 기울여 공자의 본의를 왜곡하지 않도록 특히 주의해야 할 부분이 대략 세 군데 있다. 첫째, "'진력취열, 불능자지.' 위이부지, 전이불부, 즉장언용피상의? ('陳力就列, 不能者止.' 危而不持, 顚而不扶, 則將焉用彼相矣)"의 의미다. 이 가운데 먼저 '진력취열, 불능자지'를 보면, 항간의 기존 번역은 대개 '온 힘을 다 발휘하여 벼슬자리에 나아가되, 잘할 수 없으면 그만두어야 한다.'는 뜻으로 옮긴다. 일반적인 이야기로 보면 무난하다. 하지만 공자의 논지는 그런 게 아니다. '진력'은 자신의 능력을 펼친다는 뜻으로, 곧 그렇게 하여 나라에 이바지한다는 말이고, '취열'은 그 직위에서 소임을 다한다는 뜻이며, '불능'은 '진력'하지 못함을 이르고, '자(者)'는 휴지(休止)의 어조사로 가정의 뜻을 내포하고 있으며, 사람을 뜻하는 게 아니다. 결국 해당 구절은 '신하된 자는 자신의 힘을 다 바쳐 나라의 발전에 기여할 수 있으면 그 자리에 있고, 자신의 힘으로 어떻게 할 수 없는 난국에 이르면 그 자리에서 물러나야 한다.'는 얘기다.

그리고 '위이부지, 전이불부, 즉장언용피상의?'에서 문제가 되는 것은 바로 '즉장언용피상의?'의 의미다. 항간에서는 이를 흔히 '장차 그런 신하를 어디에 쓰겠는가?'의 뜻으로 옮기는데, 논란의 여지가 다분하다. '위이부지' 운운 세 구절은 곧 앞의 사관 주임의 말을 이어받는 만큼, 국가의 위난과 쇠망을 직설(直說)한 것으로 보는 것이 문맥상 한결 타당하고 자연스럽다. 공자가 인용한 주임의 말 '진력취열, 불능자지'가, 신하된 자가 자신의 능력을 제대로 발휘할 수 없는, 즉 무도한 군주를 바르게 보필할 수 없는 난국에 직면해서는 '스스로' 그 자리에서 물러나야 한다는 뜻임을 감안하면, 항간의 번역은 논리적으로 모순이 있다. 다시 말해 군주가 신하를 쓰느냐 쓰지 않느냐의 문제가 아니라, 신하된 자가 군주에 대한 자신의 보필을, 곧 자신의 고귀한 노력을 올바르게 쓸 데가 있느냐 없느냐의 문제이며, 만약 없다면 어리석은 충성을 다할 게 아니라, 즉각 그 직책에서 물러남으로써 간(諫)하는 것이 옳다는 얘기다. '피상(彼相)'의 '상'은 재상(宰相), 신하를 이르는 것이 아니라, (그런 신하된 자의) '보필'·'보좌'를 뜻한다.

둘째, '불환과이환불균, 불환빈이환불안(不患寡而患不均, 不患貧而患不安)'의 의미다. 항간의 기존 번역은 하나같이 이를 원문 그대로 이해해 "백성이 적은 것을 걱정하지 말고 분배가 고르지 못한 것을 걱정하며, 가난한 것을 걱정하지 말고 평안하지 못한 것을 걱정하여야 한다."라고 옮기고 있다. 한데 이는 유월(俞樾)의 『군경평의』와 유보남의 『논어정의』에서 지적하였듯이, 애초 판본에는 필시 '불환빈이환불균, 불환과이환불안(不患貧而患不均, 不患寡而患不安)'으로 되어 있었을 것으로 추정되며, 따라서 마땅히 그같이 풀이하는 것이 공자의 본의에 부합할 것으로 판단된다. 왜냐하면 '가난하다〔貧〕'와 '고르다〔均〕'는 모두 재물을 두고 이르는 것으로, 뒤의 '분배가 고르면 가난이 문제 되지 않는다〔均無貧〕'는 말에서 증명이 되고, 또 '적다〔寡〕'와 '편안하다〔安〕'는 모두 백성을 두고 이르는 것으로, 뒤의 '사람들이 화합하면 인구가 적은 게 문제 되지 않는다〔和無寡〕'는 말에서 증명이 되기 때문이다. 해당 구절은 결국 '나라가 가난함을 걱정하기보다는 분배가 고르지 못함을 걱정하고, 인구가 적음을 걱정하기보다는 사람들이 편안치 못함을 걱정해야 한다.'는 것이다. 현행 판본의 원문 그대로보다 한결 논리적으로 자연스럽고, 사상적으로 유의미하지 않은가?

셋째, '오공계손지우, 부재전유, 이재소장지내야.(吾恐季孫之憂, 不在顓臾, 而在蕭牆之內也)'에서 마지막 구절 '이재소장지내야'의 의미다. 여기서 '소장'은 노나라 임금의 궁문(宮門) 안에 세워 놓은 병풍으로, '소장의 안쪽〔蕭牆之內〕'이라 함은 곧 노나라 임금을 가리키는 말이다. 항간에서는 이를 흔히 계씨의 집안을 가리키는 것으로 풀이하나, 공자의 본의로 보기 어렵다. 당시 노나라 정권을 장악하고 있던 계씨가 전유를 손아귀에 넣어 세력을 확장한 이후, 장차 노나라 왕위까지 넘보며 반역을 도모할 우려가 있다는 것이 공자의 판단이다. 그 때문에 가신으로서 제 역할을 다하지 못하는 두 제자에 대해, 우국(憂國)의 고뇌에 찬 공자의 질타가 드높았던 것이다.

16. 양화편(陽貨篇)

○ 여자와 소인은 다루기가 어렵다?

唯女子與小人爲難養也, 近之則不孫, 遠之則怨.
유여자여소인위난양야, 근지즉불손, 원지즉원.

유독 시첩(侍妾)과 옹졸한 신복(臣僕)은 거느리기가 어렵나니, 가까이하면 불손하고 멀리하면 원망한다.

이는 공자의 말로, 후세 사람들 특히 페미니스트들의 비판을 불러일으킨 바로 그 문제의 구절이다. 그 같은 비판은 바로 항간의 기존 번역들이 너나없이 원문의 '여자(女子)'와 '소인(小人)'을 글자 그대로 한글로 옮긴 데에서 기인한다. 한데 여기서 공자가 말한 '여자'와 '소인'이 과연 일반적인 개념으로 이해해도 되는 것일까? 두 단어의 의미는 아래의 '양(養)', 즉 부양하다 · 거느리다는 의미와 연관 지어 생각하여야 하며, 그러면 곧 집안이나 궁중의 여자와 소인, 즉 시첩(함께 있으면서 시중을 드는 첩으로, 주로 귀족이나 벼슬아치가 데리고 사는 첩을 이름)이나 빈첩(嬪妾, 임금의 첩), 그리고 소인배같이 옹졸한 신복(신하와 하인)을 가리키는 것으로 이해된다. 결코 일반 여자와 소인을 가리키는 것이 아니란 얘기다. 주자가 이 장을 풀이하며,

군자가 '신첩(臣妾)'을 근엄히 대하고 자혜로이 기르면 두 가지 병폐가 없을 것이라고 한 것은 바로 그 같은 이해에 근거한 것이다. 그러므로 이를 일반 여자와 소인을 이르는 것으로 이해해, 공자가 여자를 소인과 같이 취급해 비하했다는 식의 비판을 가하는 것은 옳지 않다.

사람의 됨됨이는 참으로 다양하다. 따라서 우리는 사람을 대하는 지혜를 길러야 한다. 사람이 사람을 거느린다는 것은 결코 쉬운 일이 아니다. 시기심과 질투심을 가질 수밖에 없는 시첩(옛날 얘기다)이나 옹졸한 신복을 거느릴 때는 더더욱 지혜가 필요하다. 이것이 공자의 가르침이다.

나오며

항간의 공자 사상에 대한 오해는 언제까지 방관만 하고 있을 문제는 아닌 듯하다. 왜냐하면 성인의 본의를 오해한 나머지 우리가 스스로 만든 속박과 굴레에 갇혀 산다면, 그보다 안타까운 일이 없기 때문이다. 이제 그 시비를 분명히 따져봐야 한다. 그 과정에 가장 중요하게 참고하고 근거로 삼아야 할 것은 두말할 나위 없이 『논어』이다. 한데 기존의 『논어』 풀이에 일부 이론의 여지가 있는 만큼, 필자는 공자 사상과 『논어』 풀이 두 부분으로 나눠 그 각각에 대한 오해와 진실을 논지(論之)하였다.

먼저 공자 사상 부분에 있어서는 편의상 보다 핵심적이고 대표성이 있는 중대(重大) 문제를 중심으로 논하며, 미세(微細) 문제는 논외로 하였다. 아무튼 공자 사상에 대한 오해는 앞('머리말')에서 이미 언급한 바와 같이 후세 통치자를 비롯한 기득권 세력들의 사심(私心)과 저의(底意)를 탓할 수밖에 없다.

필자는 일찍이 『논어』 전권을 역주 해설하면서 항간의 기존 풀이에 크고 작은 오류와 왜곡이 적지 않음을 발견하였다. 이 책에서는 그 가운데 문맥이나 사상적 의의와 비중이 비교적

중대한 것들만을 골라 하나하나 따져 새롭게 시비를 가렸다.

동서양 고전 가운데 독보적 위상을 차지하며 가장 널리 읽히는 『논어』의 풀이에, 아직까지 이렇듯 아쉬운 부분이 존재하는 까닭은 무엇일까? 2천여 년 전에 편찬된 『논어』를 풀이함에 있어, 역대 주석 명가(名家)들조차 각기 이러쿵저러쿵 이견(異見)을 쏟아내고 있거늘, 오늘날 우리가 제대로 풀이한다는 것이 어찌 그리 쉬운 일이겠는가? 물론 그렇다고 하여 공자와 『논어』의 본의를 바르게 풀어내는 노력을 게을리 해도 된다는 말이 아니다. 『논어』는 그 문장이 구어(口語), 즉 입말 일변도의 문체인 만큼, 논변(論辯)이나 논설이 위주인 여타의 고전에 비해 상대적으로 쉬운 느낌을 주는 데다 그 내용 또한 우리가 익히 들어오거나 어렵지 않게 공감할 수 있는 것들이 태반이다. 아마도 『논어』의 그 같은 특성이 전문 역해자(譯解者)에게는 보다 깊은 탐구와 사색을 덜하게 하고, 비전문가에게는 큰 주저 없이 역해에 뛰어들게 하지 않았을까 하는 생각이 든다.

『논어』는 쉬운 듯 어려운 고전이다. 일견 쉬워 보일 수도 있지만, 일부 자구(字句)들은 그 함의를 바르게 읽어내는 것이 생각만큼 쉽지는 않다. 그럼에도 불구하고 사람들이 조금은 데면데면한 태도로 기왕의 풀이를 인습(因襲)한 결과, 크고 작은 아쉬움을 낳게 된 것이리라. 예를 들어 '학이시습지(學而時

習之)'의 '시'는 어려운 글자가 아니다. 그런 데다 예로부터 너나없이 '때때로'란 뜻으로 번역을 해 왔으니, 사람들이 굳이 그 뜻풀이에 고심할 필요를 느끼지 못하였을 것이다. 하지만 공자가 무엇보다 '호학(好學)'을 강조했고, 또 "배움이란 마치 앞선 것을 따라잡지 못할까 봐 안달하듯이 하고, 또 따라잡은 뒤에는 그것을 잃어버리지나 않을까 두려워하듯이 하는 것〔學如不及, 猶恐失之〕"임을 애써 일깨운 것을 생각하면, '때때로'가 과연 공자의 본의를 제대로 표현한 말일까 의문을 갖지 않을 수 없다. 적어도 '때때로'란 말이 갖는 분명한 한계를 한껏 무겁게 느낀다면 말이다.

한 가지만 더 예를 들면, 누구나 익히 아는 '온고지신(溫故知新)'의 경우도 크게 다르지 않을 것이다. 이 말에서 논란이 되는 것은 '고' 자(字)의 의미인데, 항간의 기존 번역은 하나같이 '옛것'으로 풀이하고 있다. 의아한 것은, 하안이나 황간, 형병 등 역대 주석 명가들의 견해는 차치한다 하더라도, 국내에서 손쉽게 구해 볼 수 있는 주자 『논어집주』의 견해조차 간과되었다는 점이다. '고' 자 역시 어려운 글자가 아니고, 또 이미 '옛것'을 뜻하는 것으로 널리 알려져 있는 데다 항간의 번역서들이 모두 그같이 옮기고 있다. 그러니 사람들이 그 뜻풀이에 의혹을 가지고 고민할 이유가 없었을 것으로 짐작된다. 하지만 그럼에도 불구하고 못내 의아하고 아쉽다.

아무튼 그렇게 하여 왜곡된 의미는 널리 널리 알려졌고, 마침내 굳어지고 굳어져 공자와 『논어』의 본의로 당연시되는 지경에 이르렀으니, 그야말로 적비성시(積非成是), 즉 그른 것이 쌓이고 쌓여 굳어지면 마침내 옳은 것이 되고 마는 노릇이 아니고 무엇이겠는가? 하지만 이제라도 바로잡아야 한다, 반드시! 왜냐하면 공자 사상의 참뜻을 오롯이 되살려, 인간성의 상실과 가치관의 왜곡이 심각한 작금의 우리 사회에 새로운 희망의 빛을 비추며 바른 길로 인도하는 등대로서 기능하게 하는 데 한 치의 부족함도 없어야 하기 때문이다. 오늘날 이 인문학 열풍의 시대에 『논어』가 갖는 고전적 교양의 대표성과 상징성을 생각한다면, 『논어』 바르게 읽기의 중요성에 이론이 있을 수 없다.

이 책의 '『논어』 풀이에 대한 오해와 진실'은 문제가 되는 장(章)만을 대상으로 하면서, 때로는 해당 장 전체를, 때로는 일부를 절취해 와서 논하였다. 또한 보다 타당한 논리나 역대 주석 명가의 설득력 있는 견해에 근거하여, 해당 구절에 대한 기존 풀이의 오류나 왜곡을 바로잡아 새롭게 풀이하는 데 초점을 맞추었다. 따라서 해당 장의 전체 문의를 파악하는 데에는 일정한 한계가 있을 수 있다. 하여 이 책은 가능한 한 『논어』 완역본 해당 장의 역주・해설과 함께 읽는 것이 필자의 논지를 이해하는 데 한층 더 도움이 될 것으로 생각된다.

문득 한 가지 걱정이 앞선다. "'홍익인간'이나 '온고지신'에 대한 교수님의 새로운 풀이를 들으니, 여태 우리가 잘못 알고 있었다는 것이 확실한 것 같습니다. 그런데 만약 학교 시험에 그 뜻풀이를 묻는 문제가 나온다면, 답안을 어떻게 작성해야 하나요?" 필자가 외부 특강을 나갔을 때, 중학생 자녀를 둔 한 학부모로부터 받은 질문이다. 어린 학생들이 공부하는 교과서는 물론, 학교 선생님들도 모두 기존 번역대로 설명하고 있기 때문에, 필자의 새로운 풀이대로 답했을 때 감점이 되지 않을까 우려가 된다는 얘기다. 참으로 당혹스러운 질문이었다. 필자는 그 풀이에 논란이 되는 자구를, 역대 주석 명가의 견해를 면밀히 비교 분석해 공자와 『논어』의 본의에 가장 부합되도록 풀어내고자 애썼다. 하지만 이 같은 필자의 문제 제기와 오류 정정이 뭇사람들의 학문적 신뢰와 논리적 공감을 얻어 '바른 풀이'로서 자리를 잡지 못한다면, 한 학부모의 우려에 찬 질문에 명확히 답하기는 어려울 수밖에 없다.

"교수님의 새로운 풀이에 분명 수긍이 갑니다만, 그래도 지금까지 굳게 믿고 받들던 것을 하루아침에 내던져 버리기가 쉽지는 않을 것 같습니다." 역시 필자가 외부 특강에서 만난 한 분의 의견이다. 그 분은 전통 한학(漢學)에 관심이 있었고, 『논어』는 특히 『논어집주』를 중심으로 공부를 하셨다고 한다. 일례(一例)로 '현현이색(賢賢易色)'은 주자가 풀이한 대로

'현현역색'으로 읽으며, 현인을 존경하기를 여색을 좋아하는 마음을 바꾸어 한다는 뜻으로 알고 되뇌어 온 세월이 오래인지라 애착하는 마음이 크다는 것이다. 물론 크게 애착하는 바를 차마 떨쳐 버리지 못하는 것은 인지상정이다.

하지만 필자는 외람됨을 무릅쓰고 감히 공자의 가르침을 떠올리고자 한다. "잘못이 있으면 고치기를 꺼리지 말아야 한다.〔過則勿憚改〕"〈「학이」〉 "잘못을 하고도 고치지 않는 것, 그것이야말로 진정 잘못이라 할 것이다.〔過而不改, 是謂過矣〕"〈「위영공」〉 그리고 『좌전(左傳)』 「선공(宣公) 2년」 조(條)에서도 이르기를, "사람이 어느 누가 잘못이 없을 수 있겠는가? 잘못을 하더라도 그것을 능히 고칠 수 있다면 그보다 더 좋은 일은 없다.〔人誰無過? 過而能改, 善莫大焉〕"라고 하였다. 잘못된 것을 알고 고치는 것은 대단히 중요하고 유의미한 일이다.

이에 필자는 천견(淺見)에 대한 사계 전문가와 독자 대중의 애정 어린 관심을 고대한다. 미흡하거나 마땅치 않은 바가 있다면 가차 없는 질정을 보내주시고, 무난하고 설득력이 있다면 아낌없는 격려를 보내주시기를 바라 마지않는다. 물론 천견에 결함이 있음이 확인된다면, 스스로 정치(精緻)하지 못함을 겸허히 반성하고, 기꺼운 마음으로 바르게 고칠 것이다. 공자께서도 진나라 사패(司敗)가 당신의 허물을 지적했다는 말을 전해 듣고, "나는 참으로 행복하다. 나에게 과오가 있으면 다른 사람이 반드시 그것을 일깨워주는구나.〔丘也幸. 苟有過, 人必知之〕"〈「술이」〉 하고 진심으로 기꺼워하지 않았던가? 필자의 『논어』 왜곡 바로잡기는 결국 보다 많은 분들의 관심 어린 질정과 격려에 힘입을 때, 비로소 더욱 온전하고 유력(有力)한 모습으로 공자의 사상을 이 시대에 오롯이 되살리는 데 일조할 수 있을 것이다.

참고문헌

이 책을 집필하면서 직·간접적으로 참고하며 특히 많은 도움을 받은 문헌은 다음과 같다. 〔중국인의 이름은 청대 이전 사람은 한글 독음으로, 현대인은 중국어 독음으로 표기함〕

위(魏) 하안(何晏)『논어집해(論語集解)』— 이는 정현(鄭玄)을 비롯해 공안국(孔安國)·포함(包咸)·주위(周威)·마융(馬融)·진군(陳群)·왕숙(王肅)·주생열(周生烈) 등 한(漢)·위대(魏代) 여러 명가(名家)의 고주(古注)를 집대성한, 현존 최고(最古)의 주석본임.

양(梁) 황간(皇侃)『논어집해의소(論語集解義疏)』

북송(北宋) 형병(邢昺)『논어주소(論語註疏)』

남송(南宋) 주자(朱子)『논어집주(論語集註)』,『사서혹문(四書或問)』

명(明) 호광(胡廣) 외(外)『논어집주대전(論語集註大全)』

장거정(張居正)『논어별재(論語別裁)』

청(淸) 유보남(劉寶楠)『논어정의(論語正義)』

청말(淸末)·민국(民國) 초(初) 정수덕(程樹德)『논어집석(論語集釋)』

현대 양보어쥔(楊伯峻)『논어역주(論語譯注)』

치엔무(錢穆)『논어신해(論語新解)』

대만 왕시위엔(王熙元)『논어통석(論語通釋)』

한국 조선 다산(茶山) 정약용(丁若鏞)『논어고금주(論語古今註)』

졸역『쉽고 바르게 읽는 논어』(지혜의 바다)

졸저 『「논어」 읽기』(세창미디어)
이욱 「공자 죽이기와 살리기」(김경일 『공자가 죽어야 나라가 산다』 서평, 『한국종교문화연구회회보』)
일본 메이지(明治)시대 타케조에 코우코우(竹添光鴻) 『논어회전(論語會箋)』

이 밖에도 국내외의 많은 『논어』 역주본과 한대(漢代) 사마천(司馬遷)의 『사기(史記)』, 왕충(王充)의 『논형(論衡)』을 비롯한 많은 고금의 전적(典籍)을 참고하였다.

지은이 **박삼수** E-mail: sspark@ulsan.ac.kr

경북 예천에서 태어났고, 경북대학, 타이완〔臺灣〕대학, 성균관대학에서 각각 중문학 학사 · 석사 · 박사학위를 받았다. 일찍이 미국 메릴랜드대학 동아시아언어학과 방문교수를 거쳤다. 현재 울산대학 중문학과 교수로 재직하며, 중국 산동사범대학 대학원 교외논문지도교수를 겸임하고 있다. 주요 역 · 저서로는 『쉽고 바르게 읽는 논어』, 『쉽고 바르게 읽는 노자』(이상 지혜의 바다), 『장자』, 『손자병법』(이상 문예출판사), 『왕유 시전집』(개정증보판), 『왕유 시선』(이상 지식을만드는지식), 『주역 — 자연법칙에서 인생철학까지』(현암사), 『「논어」 읽기』(논어 해설서, 세창미디어), 『당시의 거장 왕유의 시세계』, 『고문진보의 이해와 감상』, 『맹자의 왕도주의』(이상 UUP), 『시불 왕유의 시』(세계사), 『사기史記』(공역, 까치), 『세계의 고전을 읽는다』(공저, 휴머니스트), 『자연과 인간, 문화를 빚어내다』(공저, 심미안) 등이 있다.

공자와 논어, 얼마나 바르게 알고 있는가?

초판 1쇄 인쇄 2019년 2월 17일
초판 1쇄 발행 2019년 2월 28일

지은이 박삼수
펴낸이 오연천
편집 및 디자인 김혜지 신유정 곽현진

펴낸곳 지혜의 바다
주소 44610 울산광역시 남구 대학로 93 (울산대학교)
전화 (052) 259-2488 팩스 (052) 277-3011
전자우편 press@mail.ulsan.ac.kr
페이스북 www.facebook.com/seaofwisdom
출판등록 제370-1996-000001호(1996.3.13.)
상표등록 제2013-0082039호(2013.12.16.)

ISBN 978-89-7868-245-9(03140)